珍藏本

纪念版

汉译世界学术名著丛书

论科学与艺术的复兴是否有助于使风俗日趋纯朴

〔法〕卢梭 著

李平沤 译

商务印书馆
SINCE 1897
The Commercial Press

2017年·北京

Jean Jacqucs Rousseau
SI LE RÉTABLISSEMENT DES SCIENCES ET DES ARTS
A CONTRIBUÉ À ÉPURER LES MŒURS.
Gallimard
1985
根据伽里玛出版社 1985 年版译出

卢梭像

DISCOURS

QUI A REMPORTÉ LE PRIX

A L'ACADÉMIE

DE DIJON.

En l'année 1750.

Sur cette Question proposée

par la même Académie: v*Si le rétablissement des sciences et des arts*

a contribué à épurer les mœurs.

Par un Citoyen de Genève

Barbarus hic ego sum quia non intelligor illis, Ovid. ①

① 这段法文是卢梭的这篇论文在1751年首版时的扉页,译文请见本书正文第3页。——译者

汉译世界学术名著丛书
（120年纪念版·珍藏本）
出版说明

2017年2月11日，商务印书馆迎来120岁的生日。120年前，商务印书馆前贤怀揣文化救国的理想，抱持“昌明教育，开启民智”的使命，立足本土，放眼寰宇，以出版为津梁，沟通中西，为中国、为世界提供最富智慧的思想文化成果。无论世事白云苍狗，潮流左右激荡，甚至战火硝烟弥漫，始终践行学术报国之志，无改初心。

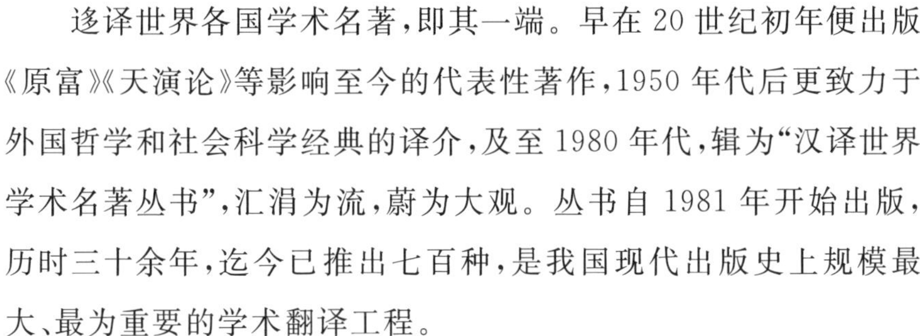

迻译世界各国学术名著，即其一端。早在20世纪初年便出版《原富》《天演论》等影响至今的代表性著作，1950年代后更致力于外国哲学和社会科学经典的译介，及至1980年代，辑为“汉译世界学术名著丛书”，汇涓为流，蔚为大观。丛书自1981年开始出版，历时三十余年，迄今已推出七百种，是我国现代出版史上规模最大、最为重要的学术翻译工程。

丛书所选之书，立场观点不囿于一派，学科领域不限于一门，皆为文明开启以来，各时代、各国家、各民族的思想与文化精粹，代表着人类已经到达过的精神境界。丛书系统译介世界学术经典，引领时代思想，为本土原创学术的发展提供丰富的文化滋养，为推动中国现代学术和现代化进程做出了突出的贡献。

为纪念商务印书馆成立120周年，我们整体推出“汉译世界学术名著丛书”120年纪念版的珍藏本，寄望既利于文化积累，又便于研读查考，同时向长期支持丛书出版的译者、编者和读者致以敬意。

两甲子后的今天，商务印书馆又站在了一个新的历史时间节点上。我们不仅要铭记先辈的身影和足迹，更须让我们的步伐充满新的时代精神。这是商务人代代相传的事业，更是与国家和民族的命运始终紧密相连的事业。我们责无旁贷，必须做好我们这代人的传承与创造，让我们的努力和成果不仅凝聚成民族文化的记忆，还能成为后来人可以接续的事业。唯此，才能不负前贤，无愧来者。

商务印书馆编辑部

2017年10月

译者前言

只要我还活着，一想起那一刹那之间的情形，便如同刚刚在眼前发生。

卢梭1762年1月12日致马尔泽尔布先生的信。[①]

卢梭

一、本书的书名

《论科学与艺术的复兴是否有助于使风俗日趋纯朴?》是法国第戎科学院1749年公布的有奖征文竞赛题目。卢梭就这个题目撰写的论文，于1750年7月被该院评为最佳，获得了该院颁发的一枚价值三十皮斯托尔的金质奖章。1751年这篇论文出版发行时，即以第戎科学院的原题作书名。这篇论文是卢梭的成名作；论文一发表，就“轰动九霄”[②]，原本默默无闻的卢梭一夜之间出了

① 卢梭:《一个孤独的散步者的梦》，李平沤译，商务印书馆2009年版，第192页。

② 论文发表时，卢梭正卧病在家。狄德罗匆匆写了一个便笺告诉他:“这篇论文已轰动九霄，像这样成功的例子，以前还没有过。”(卢梭:《忏悔录》，巴黎“袖珍丛书”1972年版，下册，第63页。)

名。[①] 后来，人们在撰文评说这篇论文时，为简便起见，有时便称它为卢梭的“第一篇论文”，有时又称它为《论科学与艺术》。

二、看到那个题目时的一刹那间的灵感

卢梭参加第戎科学院的有奖征文竞赛，是 1749 年的事；时隔十三年之后，即 1762 年，他在写给当时的法国图书总监马尔泽尔布的信中回顾这件事情时说：

> 我去探望当时被关押在万森纳监狱中的狄德罗[②]。我把一份《法兰西信使报》放在衣兜里，以便在路上有时间就看看。我突然看到了第戎科学院提出的那个问题，我的第一篇论文就是由这个问题引起的。[③]

卢梭看见那个问题的一刹那间，立刻心潮澎湃，情绪是如此的激动，以致控制不住自己，不由自主地哭了一场。他说：

> 如果有什么东西能使人产生突然的灵感的话，那就是我在看到那个问题的时候心中产生了震动：我突然感到心中

---

① 在此之前，卢梭的名字鲜为人知。到 1749 年，年近四旬的他，只给狄德罗和达朗贝尔主编的《百科全书》写过一些普及音乐知识的简短词条，如《伴奏》、《和弦》、《卡农》及《大合唱》等。

② 1749 年狄德罗因发表一篇宣扬感觉论观点的文章《一封关于盲人的信》，触怒了当局。巴黎地方法院便借口他的文章中有几处讥刺一位贵妇人的言论，将他关入万森纳监狱。

③ 卢梭：《一个孤独的散步者的梦》，李平沤译，商务印书馆 2009 年版，第 192 页。

闪现着千百道光芒，许许多多新奇的思想一起涌上心头，既美妙又头绪纷繁，竟使我进入了一种难以解释的思绪万千的混乱状态。我觉得我的头昏昏沉沉，像喝醉了酒似的；我的心怦怦直跳，连呼吸都感到困难，甚至边走边呼吸的力气也没有了，只好倒在路边的一棵树下。我在那里躺了半个小时，心情是那么的激动，及至我站起来以后，才发现我曾不知不觉地哭了一场，眼泪把我衣服的前襟全湿透了。①

后来，到他晚年撰写《忏悔录》时，又追忆了此事。他说：

1749年的夏天特别热。从巴黎到万森纳有两法里，②我手中拮据，没钱坐马车，我就步行去。……我随身带了一份《法兰西信使报》，我边走边看，突然看到第戎科学院的一则下一年的有奖征文题目：《论科学与艺术的进步是助长了风俗的败坏还是促进了风俗的净化？》，在看到这个题目的那一刹那间，我看到了另外一个世界，我变成了另外一个人。……我到万森纳时，心情激动得近似疯狂。狄德罗看出了我这种心情。我向他说明了原因，我把我在那棵橡树下面用铅笔写下的那几句马布里西乌斯式的话读给他听。他鼓励我大胆发挥我的观点，把文章寄去参加比赛。③

① 卢梭：《一个孤独的散步者的梦》，李平沤译，商务印书馆2009年版，第192页。

② 这里的法里，指古法里；一古法里约等于四公里。

③ 卢梭：《忏悔录》，巴黎"袖珍丛书"1972年版，下册，第45—46页。

三、论文一发表，立即引起一场大论战

参赛的结果，他得了奖。第戎科学院把奖章颁发给他这篇以贺拉斯的一个能准确表达论文题旨的诗句作篇首题词的论文。然而，1751 年这篇论文一对外公开发表，就引发了一场前前后后持续了一年多的大论战，[①]连波兰国王斯坦尼斯拉斯·勒辛斯基也加入了论战的行列。卢梭孤军作战；为了回答人们对他的批评，他几乎每天都陷入与论敌打笔仗的旋涡，甚至影响到他每天替人抄写乐谱挣钱吃饭的生计。他被弄得精疲力尽。最后，到 1752 年，借其青年时期写的喜剧《纳尔西斯》出版的机会，卢梭写了一篇长长的序言，再次阐述他在论文中提出的一些理论问题，以结束这场旷日持久的争论。卢梭说这篇序言是他的佳作之一，我们把它作为附录收入本书。

四、第戎科学院为什么把奖章奖给他这篇论文

在 18 世纪的法国（以及在欧洲的许多其他国家），正当科学大踏步前进，艺术日益繁荣的时候，卢梭公然大唱反调，对科学和艺术的发展持批评态度。他认为，人的知识愈多，人心反而愈险恶；科学和艺术愈繁荣，社会便愈奢侈成风，耽于生活的享受和财富的追逐；所谓的文明，只不过是看起来像文明；所谓的进步，实际上是在堕落。这种论调怎么能得到第戎科学院的赞同，把奖品颁发给

① 关于这场大论战的详细记述，请参见卢梭：《忏悔录》，第 8 卷。

他呢？事实上，第戎科学院当初提出这个问题，并无故意提出一个惊世骇俗的问题之意。院士们的本意是在纪念中世纪黑暗时代之后到来的文艺复兴，而他们之所以把奖品颁给卢梭的论文，是着重于他说理的辩才和文章笔法的清新。卢梭的文章没有“八股气”[①]，没有无论放在哪里都适用的套语，读起来令人振奋，耳目一新，尤其是他的主旨明确，在众多的参赛文章中，他独树一帜，把文章的重点放在抨击社会风气的日趋败坏。在人们陶醉于科学和艺术的兴盛的时候，他大声疾呼，提醒人们，要把重振道德作为当务之急。只有这样，风俗才能日趋纯朴，社会的发展才能步入正轨。

五、这篇论文的思想真的来自一刹那间的灵感吗？

从本文开头所引卢梭的那两段自述来看，他这篇论文的思想是来自他在那棵橡树下的一刹那之间获得的灵感。是不是真的来自灵感，这不属于本文讨论的范围。不过，可以肯定的是，如果让-雅克没有作为政治思想家的深厚素养，即使他当时有那么一阵灵感，也是写不出那篇文章的。是的，一个火花可以点燃一堆柴薪，燃起熊熊烈火，然而，如果只有火花而无柴薪，则火光便无由产生。卢梭在看到那道征文题目的时候尽管突有所感，但是，如果他没有渊博的知识和善于观察与思考的能力，则他何所凭依，写出那篇论文？

① 中国有“八股文”，法国也有“八股文”，尤其是路易十四以后的法国文风，八股气味更浓。

六、两篇论文和《爱弥儿》

2005年,笔者应商务印书馆之约,逐译卢梭的《论人与人之间不平等的起因和基础》[①]。在这个译本的《译者前言》中有一段话说:

> 把卢梭的两篇论文加以比较,我们不难发现,第二篇论文的笔调与第一篇论文的笔调有所不同。第一篇论文重在批评,行文是道德学家的口吻;而第二篇论文则重在分析,以哲人的目光观察处于自然状态中的野蛮人与处于文明状态中的文明人之间的差异。[②]

这两篇论文(第一篇论文和第二篇论文)都是研究人的著作,是人类学的奠基作之一。区别在于,它们研究的对象有所不同。第一篇论文歌颂的是斯巴达的公民,用斯巴达人来对比现代的文明人。第二篇论文赞美的是人类历史的"黄金时代"即"原始时代"的野蛮人或原始人;他在原始人的身上看到了"天国庄严的纯朴的烙印"。他指出:文明人腐败了,而要人类退回到原始状态作原始人,那是绝对不可能的。人类发展的进程是不可逆转的。怎么办呢?为了回答这个问题,卢梭著《爱弥儿》,按照《爱弥儿》中论述的那样塑造不受不良的社会风气影响的新人。两篇论文和《爱弥

① 为简便起见,人们有时称它为"第二篇论文"或《论不平等》。

② 见卢梭:《论人与人之间不平等的起因和基础》,商务印书馆2009年版,第14页。

儿》，这三部著作的内在联系，卢梭在 1762 年 1 月 12 日致马尔泽尔布先生的信中表述得很清楚。他说：

> 先生，如果我把我在那棵树下所看到的和感觉到的情形能好好地描述出四分之一的话，我就能多么清楚地向人们展现我们社会制度的种种矛盾，多么有力地揭示我们制度的一切弊端，多么简要地阐明人生来是善良的，他之所以变坏，完全是由社会制度造成的。我在那棵树下一刻钟内悟出的许许多多真理，我能记得的，都零零星星分散地写进了我的三部主要著作，即第一篇论文和关于不平等的论文以及关于教育的论文。[①] 这三部著作是不可分开的；三部著作应合起来成为一部完整的著作。[②]

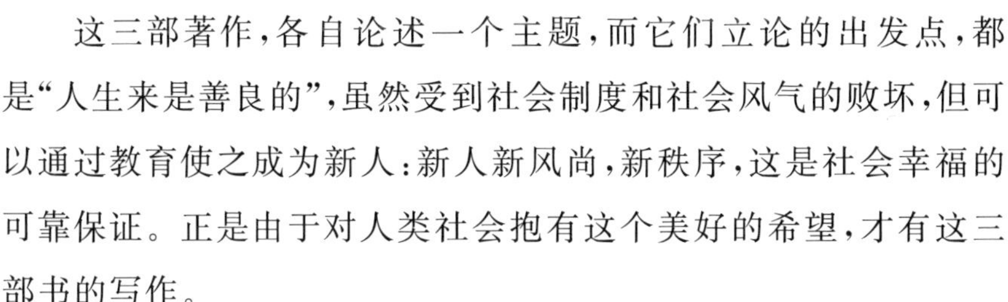

这三部著作，各自论述一个主题，而它们立论的出发点，都是“人生来是善良的”，虽然受到社会制度和社会风气的败坏，但可以通过教育使之成为新人：新人新风尚，新秩序，这是社会幸福的可靠保证。正是由于对人类社会抱有这个美好的希望，才有这三部书的写作。

李平沤

2009 年 7 月

① 指《爱弥儿》(1762)。

② 卢梭：《一个孤独的散步者的梦》，李平沤译，商务印书馆 2009 年版，第 190—191 页。

目　　录

论科学与艺术的复兴
是否有助于使风俗日趋纯朴

就第戎科学院提出的如下题目：

论科学与艺术的复兴

是否有助于使风俗日趋纯朴？

撰写的这篇

论文

于 1750 年荣获该院颁发的奖章①

日内瓦的一位公民作

这里的人不了解我，所以把我看作是野蛮人。②

奥维德

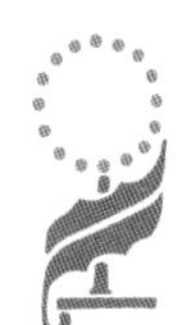

① 1749 年 10 月第戎科学院在《法兰西信使报》上公布了如下一则有奖征文启事：

勃艮第议院议长赫克托·贝·普菲耶先生创建的科学院谨通告各位学者，谁能最好地论述如下题目：

论科学与艺术的复兴是否有助于使风俗日趋纯朴？

谁就能获得 1750 年的精神奖——一枚价值三十皮斯托尔的金质奖章。

参加本次征文竞赛的文章，可以用法文写，也可以用拉丁文写，但需注意，字迹必须清晰；文章的长度，以读起来不超过半小时为限。——译者

② 这句封页题词，卢梭后来在他晚年写的《对话录》的封页上又用了一次。——译者

序

本文论述的，是一再被人们提出来热烈讨论的、很有意义的重大问题之一。本文不打算论述那些不仅充斥于各文艺部门，而且连科学界也难免不谈论的形而上学的琐细问题；本文要论述的，是事关人类幸福的真理之一。

我已料到人们很难原谅我敢采取的立场。由于我公然敢批评人们今天称赞的那些事物，因而我是必然会遭到人们普遍的谴责的，不过，我并不是因为获得了几位贤者①的好评，便进而想赢得公众的赞许。我的主意已经拿定：我既不打算取悦那些才俊，也不想讨好各位名流。在任何时候都有一些屈从于他们的时代、他们的国家和他们的社会的风向的人：那些名士今天的所作所为就是如此；那些哲学家简直就像联盟时代②的一群宗教狂热分子。既然想超越所生活的时代，就不能为这样的读者而写作。

由于我并未抱一心想得奖的希望，所以把论文寄出以后，我又对它做了一些修改和补充，因此从某些方面看，可以说它已经成了另一篇作品；今天我认为，我必须把它恢复成它得奖时的原样。我

---

① 指第戎科学院论文评审委员会的委员们。——译者

② 指 1576 年以宗教狂热著称的昂利·德吉茨创建的天主教联盟活跃的时代。——译者

只对它添加了几个注释和两段一看就知道是新增加的文字;这两段新增加的文字,也许是不会得到第戎科学院的赞同的。我认为,无论是出于公平,还是出于尊敬和感激之情,我都应当说明这一点。

小　　引

我们被美好事物的外表所迷惑。[①]

科学和艺术的复兴，是有助于使风俗日趋纯朴，还是促使风俗愈来愈败坏？[②] 本文要探讨的，就是这个问题。在这个问题上，我应当采取什么立场呢？各位先生，我应当采取的，是一个虽所知不多但并不妄自菲薄的诚实的人的立场。

我已经感到，要使我想讲的话全都合评审我的论文的委员们的心意，那是很难的。我怎么这么大胆，公然在欧洲最高学术机构之一面前批评科学？怎么敢在一个著名的学院里颂扬无知？怎么敢把对学术研究的蔑视和对真正有学问的人的尊重调和在一起呢？我已经发现了这些难题，但它们并没有把我吓倒。我自信我谴责的不是科学本身；而是要在有道德的人面前捍卫美德。好人之重视真诚，比学者之重视学问，更有过之。然则，我有没有什么可怕的呢？怕评审我的论文的学者们的眼力吗？这，我承认；不过，那也只是怕他们对我的论文的写法挑毛病，而不是怕他们对我这个写文章的人的看法有所批评。在有争议的讨论中，公正的评

---

① 引自拉丁诗人贺拉斯(约公元前65—前8)的《诗艺》第25段。——译者

② 第戎科学院的原题，没有“还是促使风俗愈来愈败坏？”卢梭增加这一问句，是为他往后在文中发表批评性意见作伏笔。——译者

判者们在明知自己有错的时候，是绝不犹豫不作自我批评的。最有利于阐述事理的情况是：可以向一个公正而开明的评判者表明自己的观点，畅谈自己的看法。

除了这个令我感到鼓舞的原因以外，另外还有一个使我决定写这篇论文的原因，那就是：按照我的天性的指引，决心努力发扬真理之后，不论我是否成功，这件事情本身就是一个不会使我失望的报酬，我将把它永远存在我的内心深处。

第一部分

看见人类通过自己的努力，几经艰险，终于走出了洪荒的境地，用理智的光辉驱散了大自然密布在他们周围的乌云，使自己超越了自身的局限，在精神上一跃而进入了天国，用巨人的步伐，像太阳那样遍游世界各地：这是多么宏伟壮观的景象啊；然而，要让人类反观自己，从自身去研究人，去认识人的天性、人的职责和人生的目的，那他们就会感到十分困难了。所有这些奇迹，在最近几个世纪又重新开始了。

欧洲曾经再一次退回到远古的野蛮状态。今天世界上如此开化的这一地区的人民，在几个世纪以前还生活在比浑噩无知更糟糕的境地。我真不明白：何以会有那么一种比无知还更加可鄙的科学的奇谈怪论竟冒充“知识”，而且反过来对知识的进步设置一道难以克服的障碍。必须进行一场革命，才能把人类重新带回到常识的轨道上来。这场革命终于从人们最没有料到的地方到来。使文艺在我们这一地区复苏的，是那些愚昧的伊斯兰教徒，是那些肆意摧残文艺的暴徒。君士坦丁的宝座的倒塌[①]，给意大利带来了古希腊的遗物，法国也从这一堆珍贵的遗物中得到了许多好处。

---

① 1453年，拜占庭最后一个皇帝君士坦丁十一世为土耳其苏丹穆罕默德二世所败，君士坦丁堡（即今天的伊士坦布尔）陷落，东罗马帝国从此灭亡。——译者

时隔不久，科学便接踵而来；出现了写作的艺术之后，又出现了思想的艺术。这种一个跟着一个出现的现象，看起来是很奇怪的，但却是很自然的。人们开始感到与缪斯[①]交往的巨大好处：用一些值得人们互相赞赏的作品，促使人们彼此争相取悦，从而使人们变得更加富于社会性。

人的精神有它的种种需要，身体也同样有它的种种需要。身体的需要是构成社会的基础，而精神的需要则是点缀社会的饰物。政府和法律为结合在一起的人们提供安全和福祉，而科学、文学和艺术（它们虽不那么专制，但也许更为强而有力）便给人们身上的枷锁装点许多花环，从而泯灭了人们对他们为之而生的天然的自由的爱，使他们喜欢他们的奴隶状态，使他们变成了所谓的"文明人"。需要建立了帝王的宝座，而科学和艺术则使帝王的宝座更加巩固。世上的君王们啊，你们要爱惜那些有才学的人，要保护那些培养才俊之士的人们[*]。文明人啊，你们要支持他们；你们这些幸福的奴隶啊，你们之所以有这种你们引以自豪的细腻的审美观，要归功于他们。正是由于他们，你们才有这么温良的性格和彬彬有礼的风尚，而且人与人的交往在你们当中才变得如此密切和如此

① 缪斯：希腊神话故事中分别掌管文学、音乐和美术等的九个女神。——译者

* 君王们总是喜欢看到那些徒耗钱财而无实际用处的浮华的艺术品在他们的臣民中广为传播的，因为他们不仅发现这些东西能使那些见识短浅的人心胸愈来愈狭窄，从而更适合于当奴隶，而且他们还看得很清楚：臣民们每给自己增加一种需要，就给自己身上多增加一条锁链。亚历山大大帝为了使那些以鱼为主要食品的岛民永远做他的臣属，便强迫他们放弃捕鱼，改而与其他人一样吃大家都吃的同样的食品。美洲的野蛮人无论走到哪里都是赤身裸体，以打猎为生，就从来没有被谁臣服过。的确，对于那些没有任何需要的人，你能拿何种枷锁去束缚他们呢？

容易。一句话，正是由于有了他们，你们在外表上才看起来一身都是美德，而实际上却一种美德也没有。

昔日的雅典和罗马，在它们国势鼎盛的岁月里，就是以这种高雅的气派而名闻天下的。这种气派，由于不那么张狂，反而显得更加可爱。毫无疑问，我们这个时代和我们这个民族之所以胜过所有其他的时代和其他的民族，也靠的是这种言谈和举止的高雅：说起话来带着一副毫无迂腐气的哲学家的腔调；一举手一投足，不仅不像条顿人那样粗野，也不像阿尔卑斯山那边的人[①]那样矫揉做作，因而显得十分亲切和自然。这就是我们钻研学问所获得的生活情趣；这种生活情趣，在我们与其他民族的交往中，变得愈来愈多样了。

如果外表真的是内心活动的反映，如果彬彬有礼就是美德，如果我们的佳言隽语能作我们行动的指南，如果真正的哲学和哲学家的称号是分不开的，那么，生活在我们当中的确是很美好的！然而，要这么多条件全都汇集在一起，那是太难了，何况道德是从来不大张旗鼓地宣扬自己的。服饰的华丽固然可以表明一个人的富有，翩翩风度可以表明一个人十分高雅，而身强力壮的人就要靠其他的标记来显示了。身体的力气和活力，只有在一个劳动者的粗布衣服下面才能看到，而在花花公子华丽的衣服下面是看不到的。服饰与美德是毫不沾边的；美德是灵魂的力量和充实的表现。善良的人是一个喜欢赤身裸体搏斗的勇士；他很讨厌那些妨碍他使用其气力的零七八碎的装饰品；真的，大部分装饰品都是为了掩盖

① 指意大利人。——译者

某些身体上的缺陷而制造的。

在艺术尚未使我们养成这种作风和教会我们说一种雕琢的语言以前，我们的风俗虽很粗犷，但却是很自然的。言谈举止的差别，可以让人一眼就看出性格上的差别。人的天性并不是过去比现在更好；但是，人们只有在互相都能很容易看透对方的内心时，才会感到安全。这一点，我们今天已经感觉不到它的好处了，而在过去，它却使人们少做了许多坏事。

今天，人们的衣着愈来愈考究，说话愈来愈文雅，以致使取悦的艺术有了一套一定之规。在我们的风尚中流行着一种邪恶而虚伪的一致性，好像人人都是从同一个模子中铸造出来的：处处都要讲究礼貌，举止要循规蹈矩，做事要合乎习惯，而不能按自己的天性行事，谁也不敢表现真实的自己。在这种永恒的桎梏下，构成这个称为社会的一群人，如果没有更强大的动机使他们脱离这种状态，他们就会永远处于那个环境中，永远做着那些事，而我们也永远搞不清楚我们与之打交道的是怎样一个人，必须要等到重大的关头来临之时，才能看出他是不是真正的朋友，也就是说，必须要等到已经没有更多的时间再等了，才能看清他的本来面目。因为，只有在重大的关头，对朋友的认识才最透彻。

人心难测，怎能不随之而产生一系列坏事呢？真诚的友谊没有了，对人的真心敬爱没有了，深厚的信任感没有了。在那老一套的虚伪的礼仪的面纱掩盖下，在我们夸赞为我们这个世纪的文明所产生的谦谦君子风度的面纱掩盖下，人与人之间却彼此猜疑，互存戒心，彼此冷漠，互相仇恨和背信弃义。人们虽然不用诅咒的语言辱骂创世主，但却用亵渎宗教的语言来侮慢他；而那些羞辱神明的话，我们灵敏的耳朵居然听了也不感到刺耳。人们虽不夸耀自己的优点，但却贬低别人的优点；人们虽不用粗鲁的态度对待敌人，但却用巧妙的办法使他们感到难堪。民族之间的仇恨也许会消失，但对祖国的爱也将随之而遗忘。愚昧无知固然受人轻视，但代之而起的猜疑之心却是很危险的。过激的言论虽遭到摒弃，恶行虽被看作是有失体面，但其他的坏事却被人们称之为善行，而且我们还必须自己做这些坏事或仿效这些恶行。谁愿意赞美我们这个时代的贤哲们的谨言慎行，就由他去赞美好了。至于我，我认为，他们的谨言慎行实际上乃是经过一番巧妙伪装的放肆言行。这种言行，同他们伪装的朴素外表一样，是值不得我称赞的。*

我们的风俗就是这样加以纯正的，我们就是这样变成好人的。让文学、科学和艺术自己讲述它们在如此有益的事业中究竟起了些什么作用。我只补充这么一点：如果在某个遥远的国度有那么一个居民根据我们的科学的现实状况，根据我们的艺术的完美，根据我们舞台上的从容表演，根据我们彬彬有礼的外表，根据我们说话的亲切和一团和气的表现，根据各种年龄和各种社会地位的人（他们好像从日出到日落整天都忙于互相应酬）乌烟瘴气的社交场合，总之，如果这个异国人士根据以上所说的情况来想象欧洲的风俗的话，我敢说，他对我们风俗所想象的状况，与我们风俗的真实

* 蒙台涅说："我喜欢争论和畅谈自己的看法，不过，我只同很少一些人争，而且是为我自己。向大人物展示自己，故意卖弄自己的才华和口才，这不是一个爱荣誉的人干的事。"除了一个人以外，[①]我们当今的文人学士们全都会干这种事。

① 这个例外的人，指的是狄德罗。——译者

状况是完全相反的。

凡事没有果，就用不着去找因；而在欧洲，后果是明显的，世风日下是事实。随着我们的科学和艺术的日趋完美，我们的心灵便日益腐败。你们能说这是我们这个时代的个别的不幸吗？不能，先生们。由于我们荒诞的好奇心造成的恶果是古已有之的。海水每天的涨落之受夜里照亮在我们头上的月亮的影响，也远远没有风俗和道德的命运受科学进步的影响这么大。我们发现，随着科学的光辉升起在地平线上，我们的道德便黯然失色了。这种现象，在各个时代和各个地方都可看到。

以埃及为例。埃及是天下第一个人文荟萃之地；那里的天空虽久旱不雨，但土地十分肥沃。从前，塞索斯特里斯[①]就是从这个如此闻名的地方出发去征服世界的。然而，自从它成了哲学和美术的发源地之后不久，就被冈比斯[②]所征服，接着又被希腊人征服，被罗马人征服，被阿拉伯人征服，最后又被土耳其人征服。

现在来看希腊。从前的希腊，英雄辈出；他们曾两次打败亚洲人：一次是在特洛伊城下，另一次是在他们自己的国土上。他们的文学虽一天天发达，但没有腐败他们的心灵；然而，自从艺术一兴盛，他们的风尚便败坏了。接着，马其顿人便给他们套上了枷锁。希腊的学术虽愈来愈昌明，人民虽那么地欢乐，但他们始终是奴隶。闹了几次革命，但闹来闹去，只不过是换了主人。德谟斯梯

① 指公元前1943—前1843年的三位埃及国王：塞索斯特里斯一世、塞索斯特里斯二世和塞索斯特里斯三世；他们都曾开疆拓土，用兵四邻。——译者

② 指波斯国王冈比斯二世（约公元前530—前522）。——译者

尼[①]的辩才从来就没有使任何一个被奢侈和艺术弄得精神委靡的希腊人重新振作起来。

由一个牧童[②]所建立并以人民勤劳著称的罗马的衰败，是从埃尼乌斯[③]和德伦斯[④]的时代开始的。自从奥维德[⑤]、卡图里斯[⑥]和玛提阿里[⑦]之流及一帮宣扬淫秽之事的作家（只要一提这帮作家的名字，就会令人赧颜）相继出现之后，从前被人们视为道德的殿堂的罗马，就变成了罪恶的渊薮，受到其他民族的轻蔑，屡遭野蛮人的捉弄。这个全世界的首都，自己也戴上了它此前强加给其他民族的枷锁。它覆亡那一天，正是人们把“良好的审美观的评定者”这个称号赠与它的一位公民[⑧]之日的前夕。

东帝国[⑨]的首都，由于其地位，本该成为全世界的首善之区的。对于这个城市，对于这个也许是由于其文明而不是由于其粗野而成为那些被欧洲其他国家禁止的科学和艺术的藏身之地的城市，我该怎样评说呢？人人荒淫堕落，简直是无耻到了极点；背信弃义、谋杀和毒害人的事情时有发生；残暴罪恶之事，应有尽有：这一切，充满了君士坦丁堡的历史。我们这个时代引以为荣的种种知识所赖以产生的纯洁的源泉，竟是如此。

① 德谟斯梯尼（公元前 384—前 322）：古希腊政治家和演说家。——译者

② 传说中的罗马城的建立者罗慕洛斯原是一个牧童。——译者

③ 埃尼乌斯（公元前 239—前 169）：拉丁诗人。——译者

④ 德伦斯（约公元前 190—前 159）：拉丁喜剧作家。——译者

⑤ 奥维德（公元前 43—公元 8）：拉丁诗人。——译者

⑥ 卡图里斯（约公元前 87—前 54）：拉丁诗人。——译者

⑦ 玛提阿里（公元 40—104）：拉丁诗人。——译者

⑧ 指以擅长描写享乐生活的拉丁作家彼得罗尼乌斯（卒于公元 66 年）。——译者

⑨ 东帝国即东罗马帝国；“东帝国的首都”指君士坦丁堡。——译者

我们为什么要到远古的时代去寻找事实的证据呢?其实,可靠的证据就在我们眼前。在亚洲有一个领土广袤的国家;在这个国家里,只要文章写得好,就可以当高官。如果科学可以使风俗日趋纯朴,如果科学能教导人们为祖国流血牺牲,能鼓舞人的勇气,中国人民早就成为贤明的、自由的和不可战胜的人民了。如果他们不是满身的恶习,如果罪恶之事在他们中间不是司空见惯,如果大臣们都有见识、法律都很严明,如果这个庞大帝国的众多居民能保证自己不受愚昧和粗野的鞑靼人的羁轭:如果这样的话,这个国家的那些饱学之士对它又有什么用处呢?他们满身的荣誉能给它带来什么好处?让它处处都是奴隶和坏人吗?

让我们拿少数几个国家的风尚和以上所说的情况作一对比。这少数几个国家的人民没有受那些无用的知识的浸染,用他们的美德铸造了他们的幸福,从而成为其他国家的楷模。早期的波斯人就是如此。在这个独特的民族里,人们之努力学习美德,同我们之努力学习科学是一样的;他们轻而易举地便征服了亚洲。只有他们才享有这样一份光荣:他们的政治制度史被一个作家写进了一部哲学故事书①。塞种人就是如此;在我们当中至今还流传着对他们的称誉。日耳曼人就是如此;有一个史学家②不大愿意用自己的笔去追溯一个文明、富足和耽于享乐的民族的恶事和缺点,但一写到日耳曼人的单纯、天真和美德,就不惜笔墨,详细铺叙。

---

① 句中的作家,指色诺芬;"哲学故事书"指色诺芬的《居鲁士传》——一部用小说的笔调描写波斯国王居鲁士二世一生故事的传记文学著作。——译者

② 句中的史学家,指塔西佗;塔西佗在他的《日耳曼尼亚志》中曾刻意描写日耳曼人粗犷的民族性格。——译者

处于贫穷和无知时期的罗马，就是如此。有一个朴实的民族[1]就是如此，他们直到今天还活跃在我们眼前；他们是那样的勇敢，以致任何逆境都不可能使他们灰心丧气；他们是那样的忠诚，无论他人怎么做，都不能败坏他们的忠心。*

他们之所以喜欢其他的活动更甚于喜欢精神的活动，并不是因为他们的头脑愚笨。他们不是不知道在其他国家有那么一些无聊的人成天夸夸其谈地宣扬什么至高无上的善行，讲说什么是罪恶和美德；还有那么一些狂妄的理论家把自己吹得简直是好得无以复加，而把别人蔑称为“野蛮人”。他们仔细研究这些人的言行；研究的结果是，他们认为这些人的言行无一可取。**

有一个城邦[2]就是建立在希腊的国土上的，这个以它幸福的无知和贤明的法律而名闻天下的共和国，是由半神人而不是由人组成的。这样一个共和国，我能忘记而不表述它吗？他们的道德

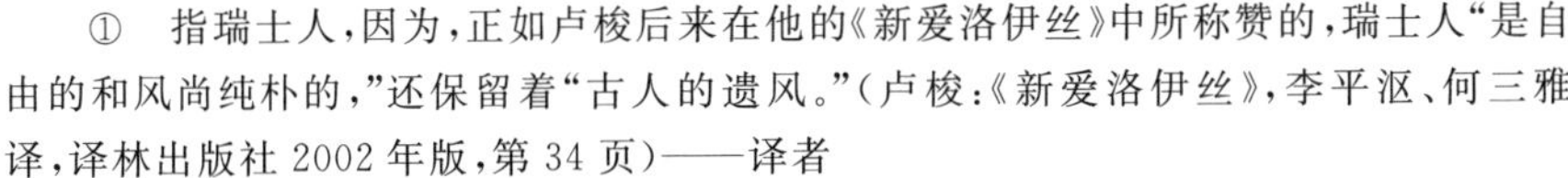

① 指瑞士人，因为，正如卢梭后来在他的《新爱洛伊丝》中所称赞的，瑞士人“是自由的和风尚纯朴的，”还保留着“古人的遗风。”（卢梭：《新爱洛伊丝》，李平沤、何三雅译，译林出版社 2002 年版，第 34 页）——译者

* 有一些民族是如此的幸福：他们对于那些在我们当中很难消除的罪恶，连听都没有听说过；我不敢多谈他们，我也不敢多谈美洲的野蛮人，对于他们既简单又自然的政治艺术，蒙台涅不惜笔墨大写特写，不仅把它看得比柏拉图的法学还好，而且还把它看得比哲学家所能想象的最完美的人民政府还高明。他举了许多生动的例子，令人惊叹不已。他说：“了不起呀！而他们却是连裤子都不穿的人！”

** 各位读者请注意：雅典人是非常严格地不许可他们的廉政法庭在判决书（对于这个法庭的判决，就连神都无法否决）中玩弄辞藻的；请你们告诉我，他们是出于什么原因而不喜欢辞藻的？罗马人为什么要把医生通通逐出他们的共和国？就因为还有那么一点人道之心，所以西班牙人才禁止他们的律师到美洲去。请问西班牙人对法学持什么看法？人们总不至于说这是因为他们想用这个办法来弥补他们对印第安人造成的种种祸害吧！

② 指后文所说的斯巴达。——译者

是人们无法企及的。啊,斯巴达!那些夸夸其谈的理论家,在你们面前简直羞惭得无地自容!当种种罪恶之事随着艺术的兴盛而进入雅典的时候,当那个暴君煞费苦心地收集诗圣的作品的时候,你却把艺术和艺术家、科学和科学家全都逐出了你的城垣。

让事实来说明其中的差别。雅典成了礼仪和文明之邦,成了演说家和哲学家的家园。随着语言的优美,人们的房屋也愈修愈漂亮。到处是艺术大师们在大理石和画布上雕刻或绘制的作品;为后来的各个时代的腐败的人们奉为典范的杰作,全都来自雅典。拉栖代梦人①的景象没有这么辉煌;人们对他们的评说是:"他们生来就是讲求美德的,这个国家的空气散发出道德的馨香,斯巴达人给我们留下的,全是英勇行为的记录。"如此美好的景象,岂不是比雅典的那些花里胡哨的大理石雕像更壮观吗?

是的,有些贤者曾经抵制过这股大潮流,使缪斯居住的这片土地没有受罪恶之事的浸染。请听一听他们当中第一个最不幸的人②对他那个时代的学者和艺术家是怎样评论的。

他说:"我研究过那些诗人,原以为他们都是其才学足以使自己充满信心而且也令别人衷心敬佩的人。他们自以为是智者,而人们也把他们看作是智者,其实,他们根本就不是。"

"研究了诗人之后,"苏格拉底继续说道,"我又接着研究艺术家。谁也不像我这样不懂艺术,谁也不像我这样深信他们掌握了艺术的奥秘。然而我发现,艺术家们的情况并不比诗人的情况更

① 即斯巴达人。——译者

② 指后文提到的苏格拉底。——译者

好，而且这两者都抱有同样的偏见。他们当中最高明的人因为在他们那一行里十分出色，便自以为是人类当中最聪明的人。他们那副自以为了不起的样子，反倒使我认为有损于他们的知识。因此，我祈求神的启示，并问我自己：我是像我现在这个样子好呢，还是像他们那个样子好？是通晓他们的那些知识好呢还是像我现在这样一无所知好？我向我自己并向神回答说：我还是像我现在这个样子为好。"

"无论是诡辩派哲学家，还是诗人、演说家、艺术家或我，我们都不知道什么是真，什么是善，什么是美。然而在我们之间有这样一个区别，那就是：尽管这些人什么都不知道，但他们都自以为什么都知道。我与他们不同：虽然我什么都不知道，但我至少对我的无知是毫不怀疑的。因此，由神的启示给予我的这种优越的智慧简单说来就是：我深深知道，对于我不明白的事物，就真的是不明白。"①

以上是这个被神明认为是最聪明的人、被希腊人公认为是雅典最有学问的人——苏格拉底对无知的赞美！如果他今天复活的话，我们的学者和艺术家们能使他改变他的看法吗？不能。先生们，这个正直的人依然会蔑视我们无用的科学，他绝不赞成充斥我们各个地方的书愈来愈多，而且，正如他已经做过的那样，他将只把他一生行事的记录和美德留传给他的学生和后人，作为对他们的教育。他教育人的方法之好，就好在这里！

① 以上几段话，引自柏拉图的《苏格拉底赞》。——译者

苏格拉底在雅典首开头炮，老加图[①]接力，在罗马对那些败坏他的同胞的道德和消磨他的同胞的勇敢精神的矫揉造作的希腊人大加抨击。然而，科学、艺术和雄辩术依然四处泛滥；罗马满街都是哲学家和演说家。人们不仅无视军队的纪律，而且轻视农业，拉帮结派，忘记了祖国；张口就是什么伊壁鸠鲁[②]、芝诺[③]和阿塞西拉斯[④]，而对神圣的自由、大公无私与对法律的服从，却一字不提。就连他们自己的哲学家也说："自从在我们这里出现众多的学者以后，好人就被埋没了。"在此以前，罗马人是厉行美德的，但是，自从他们开始研究美德以后，美德反而全都消失了。

啊，法布里西乌斯！[⑤] 如果你不幸又复活在人间，看见你所亲手挽救并以你的盛名比它的战功更使之扬名天下的罗马如今竟然是这样一副浮华的样子，你高洁的灵魂将作何感想呢？也许你会这样说："天啦，从前为节制欲念和厉行美德的人所居住的茅屋和农舍，如今到哪里去了？罗马人的朴素怎么会变得如此骄奢？说起话来怎么会这么一副怪腔怪调？风气怎么会如此委靡？这些雕像、绘画和建筑物，有什么意义？疯狂的人们啊，你们怎么啦？你们原本是其他民族的主人，而如今你们竟变成了你们所征服的那些行为放荡的人的奴隶了吗？你们让那些徒逞口辩的人来统治你们吗？你们在希腊和亚洲流血牺牲，就为的是使那帮建筑家、画家

① 老加图(公元前234—前149)：古罗马政治家，曾任纠察风俗的监察官。——译者

② 伊壁鸠鲁(公元前341—前270)：希腊享乐主义哲学家。——译者

③ 芝诺(西提乌姆的芝诺，公元前335—前264)：希腊哲学家，斯多葛学派的创始人。——译者

④ 阿塞西拉斯(公元前316—前241)：希腊怀疑主义哲学家。——译者

⑤ 法布里西乌斯是古罗马的一位以道德高尚著称的执政官。——译者

和雕塑家与优伶发财致富吗？从迦太基运回的战利品竟被一个吹笛子的人全都毁掉了吗？[①] 罗马人啊，赶快把那些圆形剧场拆掉，把那些大理石雕像打碎，把那些绘画通通焚毁，把那些约束你们并以他们害人的艺术腐蚀你们的奴隶逐出罗马。让他人去炫耀那些毫无实际用处的才能，而唯一值得罗马人具备的才能是征服世界，使美德在全世界发扬光大。尽管西奈阿斯[②]认为我们的元老院宛如一处君王们集会的场所，但他并没有被五光十色的排场和花里花哨的陈设所迷惑。他根本不听那些夸夸其谈的人咬文嚼字的谈话，根本不正眼瞧他们写的美妙的文章。在西奈阿斯看来，什么是最壮观的场面？啊，公民们，西奈阿斯认为壮观的场面，是你们的财富和艺术无法塑造的。他认为天下最壮观的场面，是那两百个具有管理罗马和统治世界的才能的德高望重的人举行的会议。”

现在让我们把远方和远古的事情放在一边不谈，转过头来谈发生在我们国家和我们眼前的事情；说得更确切一点就是：把那些有害于我们高尚心灵的有伤风化的事情放在一边不谈，让我们别白花力气换个说法去讲述同一件事情。我之所以要借助于法布里西乌斯在天之灵，并不是没有用处的；我所引用的这个伟大人物讲的那番话，能从路易十二和昂利四世[③]之口说出来吗？是的，在我们这里，苏格拉底也许是不会饮鸩而死的，但他将从一个更加苦涩

① 文中所说的“吹笛子的人”指罗马著名的暴君尼禄。据说，当他下令烧掉罗马城中所有从迦太基运回的战利品时，火光熊熊的景象竟使他高兴得狂吹笛子。——译者

② 西奈阿斯：公元前3世纪希腊伊皮鲁斯国王皮鲁斯二世派往罗马商谈和平条约的使臣。——译者

③ 路易十二（1462—1515）和昂利四世（1553—1610）：法国国王。——译者

的酒杯里尝到嘲笑和轻蔑,其痛苦比死亡还大一百倍。

可见,在任何时代,过骄奢淫逸和奴役的生活,都是上天对我们为了改变它永恒的智慧让我们所处的幸福的无知状态而做的努力所施加的惩罚。它用来掩盖它的一切安排的帷幕之所以那么厚,好像就是为了告诫我们:它不愿意让我们去做那些无用的研究工作。请问,在它对我们的诸多教诲中,我们从其中的哪一条受了益?有哪一条我们违背了也不受惩罚?人们啊,你们要知道,大自然之所以不让我们去碰科学,其道理,同母亲之所以不让孩子去玩危险的玩具是一样的。它不让你们知道的那些秘密,都是它小心翼翼不让我们遭受的祸害。你们在寻求知识方面所遇到的那些困难,无一样不是它为了提醒你们而设置的。人是喜欢做恶事的;如果人不幸生来就是有许多知识的话,他们还会做更多的恶事。

以上这些话,对人类来说,是多么地令人羞惭啊!听了这番话,我们的骄傲心该多么地感到愧疚啊!什么!难道说要无知才能为人正直吗?科学和道德是互不相容的吗?如果这样来看问题的话,什么结论得不出来呢?为了调和这些表面的矛盾,只需仔细研究一下那些使人眼花缭乱和令人莫测高深的名目是多么无聊和毫无意义就行了;因为那些名目本来就是我们滥加于人类的知识的。现在,让我们从科学和艺术的本身来观察科学和艺术;让我们看一看从它们的进步中产生了些什么结果。只要我们的论证同历史的推论相符合,我们就应当毫不迟疑地加以接受。

第二部分

有一个古老的传说从埃及传到希腊，说世上的种种科学都是由一个与人类的安谧为敌的神创造的。* 科学是在埃及诞生的，而埃及人自己对科学又是怎样看法的呢？他们曾仔细研究过产生科学的根源。的确，无论是查遍世界的编年史，还是通过哲学的理论研究来推论难以确定的史事，都找不到人类的知识有一个表明人类喜欢研究科学的起因。天文学诞生于人的迷信，雄辩术是由于人们的野心、仇恨、谄媚和谎言产生的，数学产生于人们的贪心，物理学是由于某种好奇心引发的。所有这一切，甚至连道德本身，都是由人的骄傲心产生的。由此可见，科学和艺术都是由于我们的种种坏思想产生的；如果他们是由于我们的好思想产生的话，我们对它们的好处就不这样怀疑了。

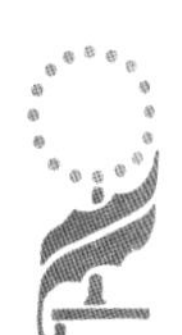

它们的产生是缺乏正当的理由的，这一点，只要稍微观察一下它们的目的，就可以看出来。如果没有滋生艺术的奢侈之风，艺术对我们有何用处？如果没有人间不平之事，我们为什么要精研法

* 人们很容易看出普罗米修斯这则寓言故事的寓意。把普罗米修斯锁在高加索山上的希腊人对普罗米修斯的看法，似乎并不比埃及人对他们的神特杜斯的看法好。有一则故事说："撒提尔第一次看见火的时候便想亲吻和拥抱火，但普罗米修斯对他大声喊道：'撒提尔，你要为你脸上的胡须哭泣的，因为谁一碰到它，它就要烧谁。'"

律？如果没有暴君、战争和阴谋家，我们为什么要撰写史书？总而言之一句话，如果每个人都只专注于尽人的天职和满足于自然的需要，时时为祖国、穷苦的人们和朋友效力，他为什么要成天去苦苦思索呢？难道我们生来就是为了死也要死在那口深藏着真理的水井的井边吗？① 单单想到这一点，就足以使一切想通过哲学的研究而求知的人刚迈出第一步就往后退了。

在科学探索中，要遇到多少危险啊！要误入多少歧途啊！要经过多少错误，才能达到真理啊！而错误给人们造成的危害，比真理给人们带来的益处大千百倍。这种得不偿失的情形，是显而易见的，因为造成谬误的原因有无数种，而真理存在的方式只有一种。何况谁是在真诚寻求真理？而且，即使他怀有真心，我们又凭什么标志去识别他的真心？在许许多多种不同的看法中，我们拿哪一种看法作标准去评判其他的看法呢？* 而最困难的是：即使我们幸而最后发现了真理，在我们当中谁知道该怎样好好地应用它呢？

如果说我们的各门科学想达到的目的是虚妄的，那么，它们所产生的后果则是很危险的。科学产生于人的闲逸，它们反过来又助长人的闲逸。它们对社会必然造成的第一个危害，是无法弥补

① 古罗马政治家和演说家西塞罗在他的《学园篇》中引用了古希腊哲学家德谟克利特(约公元前460—前370)的一句名言："真理已潜入井底。"卢梭在这里提出的问话，就是有感于德谟克利特的这句名言而发。——译者

* 人们愈是所知甚少，反而自以为所知甚多。逍遥学派② 是真的什么都不怀疑吗？笛卡尔不是说宇宙是由立方体和旋涡运动构成的吗？甚至今天在欧洲，不是有那么一个浅薄的物理学家敢说自己能解释连真正的哲学家都永远无法解释的电学的奥秘吗？

② 希腊哲学家亚里士多德创立的学派。——译者

的时间的损失。在政治上，同在道德上一样，不做好事就是一大罪过，因此，凡是没有用处的公民都应当被认为是有害的人。大哲学家们啊，由于你们的研究工作，我们才知道物体是按什么比率在空间互相吸引的；现在，请你们告诉我：行星是按什么关系在相同的时间里在太空运行？什么样的曲线有交叉点、拐折点和歧点？人类怎么会把万物都看作是神？灵魂和肉体之间怎么会虽不相沟通而又能像两个时钟那样互相符合？什么星球上可以住人？什么昆虫的繁殖方式是非常奇特的？大哲学家们啊，我们是从你们手中学到许多深奥的知识的，现在，请你们告诉我：如果你们不教给我们这么多东西，我们是不是因此就会人口减少？是不是就不会治理得这么好？是不是就不这么为人所畏惧了？是不是就不这么繁荣或者更加邪恶了？现在，回过头来谈你们的业绩。请你们想一想：连你们学者当中最有知识的学者和公民当中最好的公民所完成的那些业绩对我们的用处都如此的微乎其微，那么，对于那一群空耗国家钱财的不入流的作家与游手好闲的文人，我们应当怎样评说呢？

我说什么来着？我说他们游手好闲，成天什么事也不干吗？但愿上帝让他们真的成天晃晃荡荡什么事也不干才好呢。这样，风俗反而会更加良好，社会反而会更加安宁。然而这帮爱摇唇鼓舌的人却到处乱窜，到处宣扬他们荒唐的奇谈怪论，破坏人们的信仰的基础，败坏人们的道德。他们轻蔑地嘲笑祖国和宗教这两个古老的名称；他们把他们的才能和哲学全都用来摧毁和败坏人类当中最神圣的事物。这倒不是他们从心底里仇恨道德和我们的信条，而是由于他们一心想与公众的舆论为敌。因此，若想使他们重新回到神的祭坛前，只需把他们赶到无神论者那里去就行了。唉，爱自我标榜的人呀，你们什么事情干不出来呢？

浪费时间固然是一大罪过，而文学和艺术造成的祸害，比浪费时间的罪过还大得多。奢侈就是如此。同文学与艺术一样，奢侈也是产生于人的闲逸和虚荣。没有科学和艺术，奢侈之风就很难盛行；而没有奢侈之风，科学和艺术也无由发展。我知道有一位爱发怪论的哲学家[①]否认各个时代的史实，胡说什么奢侈可以使国家兴旺繁荣。不过，尽管他忘记了古往今来的禁止奢侈的法律[②]，但他敢否认良风美俗是帝国长存必备的主要条件吗？他敢否认奢侈是与良风美俗背道而驰的吗？说奢侈是财富明确无误的标志，说它甚至可以使财富成倍地增加，请问："从这个只有我们这个时代才能产生的奇怪论调中，将得出什么结论呢？如果为了发财致富就可以不惜一切代价的话，道德将变成什么样子？"古代的政治家历来是不厌其烦地告诫人们要保持良好的风尚与道德的，而我们今天的政治家却大力提倡发展商业和追逐金钱。一位政治家说一个人在某个国家的价值只相当于他在阿尔及尔卖身的价钱；另一个政治家则按照这个说法一算，发现在有些国家一个人却一文不值，而且，在另外一些国家里，一个人的身价比一文不值还要贱。他们像对牲口估价那样估算人的价值。在他们看来，一个人对国

① 指 J. F. 麦隆；他在《论贸易》（1734）一书中鼓吹讲求奢侈，可以使经济繁荣。——译者

② 据史书记载，古罗马颁布过这种法律，但并未刹住奢侈之风。时间一长，法律成了一纸空文。在法国，法王弗朗索瓦一世和昂利四世也颁布过同样的法律。英国人休谟写过一本《论奢侈》，对当时的奢侈之风大加抨击。——译者

家的价值，仅相当于他自己的消费。因此，一个西巴里人[①]可以抵三十个拉栖代梦人。请大家猜一猜，在斯巴达和西巴里这两个共和国中，哪一个被一小撮农夫所征服？哪一个使亚洲人闻风丧胆？

居鲁士的王国是被一个比波斯最小的省的省督还穷得多的君主的三万人征服的。塞种人尽管是各民族中最穷的民族，但却能抵御天下最强大的君王。两个著名的共和国[②]争夺世界，一个特富，一个很穷，结果是后者打败了前者。罗马帝国把全世界的财富都搜刮一空之后，自己却被那些根本就不知道“财富”为何物的人所消灭。法兰克人之能征服高卢人，撒克逊人之能战胜英格兰人，不是靠别的法宝，而是靠他们的勇猛与赤贫。有那么一群其最大的奢望只不过是想得到几张羊皮的穷山民[③]，在挫败了奥地利人的锐气之后，又打垮了使全欧洲的君王都感到害怕的既富且强的勃艮第王朝。最后，查理第五[④]的继承人尽管又强大又聪明，而且有印度群岛的财富做后盾，但最终竟被一小撮捕鲱鱼的渔夫[⑤]打得全军覆没。但愿当今的政治家放下手中的算盘，仔细想一想这些事例。但愿他们认识到：金钱固然可以买到一切，但却不能培养风尚与公民。

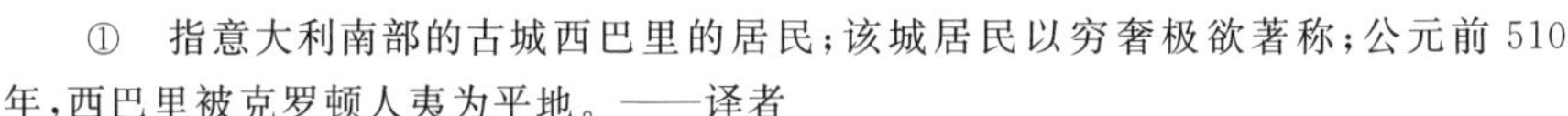

① 指意大利南部的古城西巴里的居民；该城居民以穷奢极欲著称；公元前510年，西巴里被克罗顿人夷为平地。——译者

② 指公元前3世纪布匿战争中的迦太基和罗马。——译者

③ 指13世纪到15世纪的瑞士居民。——译者

④ 查理第五（1500—1558）：西班牙国王。——译者

⑤ 指荷兰人。荷兰被西班牙国王查理第五征服，到1566年开始起兵反叛，于1572年终于击败西班牙国王菲力普二世的军队，宣布独立。——译者

然则,奢侈问题究竟涉及什么问题呢?它涉及帝国的命运,即:是让帝国烜赫而短暂呢,还是使帝国有德而长久?我说烜赫,烜赫什么呢?讲究排场与讲求诚实,这两种追求是不可能同时并存在正直的人的心中的。被许许多多无益之事败坏了的心,是不可能上进到去追求伟大的目标的。即使它有这种力量,它也无此勇气。

每个艺术家①都喜欢受人吹捧。受到他同时代的人的称赞:在他所得到的报偿中这是最珍贵的报偿。不过,如果不幸在他所生活的民族和时代里,闻名一时的学者竟让一群轻浮的年轻人左右着他的文风,人们在那些践踏他们的自由的暴君的淫威下竟放弃了他们自己的追求,男人只敢赞美女人的娇柔*,杰出的诗剧被人遗忘,美好的音乐遭人鄙弃;在这种情况下,他是怎样去博得人们的称赞的呢?各位先生,他是怎样做的呢?他只好把他的天才

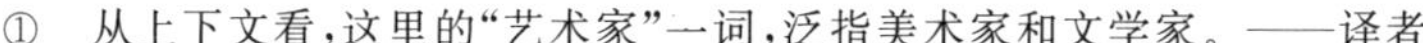

① 从上下文看,这里的"艺术家"一词,泛指美术家和文学家。——译者

* 我并不认为妇女智力的提高本身是一件坏事。这是大自然为了人类的幸福而送给她们的一件礼物,只要好好地加以引导,它所产生的好处,就能像它今天所造成的坏处一样多。人们还没有充分认识到对统治着另一半人类的这一半人施行的良好教育将给社会带来多大的好处。男人应当时时表现出为女人喜欢的样子,因此,如果你们希望男人们都变成有道德的和高尚的人的话,那就应当使妇女们懂得什么是心灵的伟大和高尚。这个问题所引起的思考,柏拉图从前曾经谈论过,是值得一个能按照这位大师的思路研究这个问题的人撰文深入讨论的,是值得他为如此一件伟大的事业大声疾呼,唤起人们的注意的。②

② 卢梭对女性是十分尊重的,他在他的《论人与人之间不平等的起因和基础》一书的献词中有一大段赞扬妇女的话,他说:"在共和国中占人口总数一半的可敬的妇女们给另一半人创造了幸福。"(卢梭:《论人与人之间不平等的起因和基础》,李平沤译,商务印书馆2007年版,第29—30页)关于卢梭对女子教育问题的论述,请参见卢梭《爱弥儿》第5卷中的《苏菲,或女人》(李平沤译,商务印书馆2007年版,下卷,第526页)和李平沤著《如歌的教育历程》下篇第8章《卢梭笔下的女性》(山东人民出版社2008年版,第220页)——译者

降低到他那个时代的水平；他宁肯作一些在他活着的时候受人喜欢的平庸的作品，而不愿意作只有在他死后很久才享盛名的好作品。大名鼎鼎的阿鲁埃[①]，请你告诉我，为了故作风雅，你牺牲了多少强壮有力的美？为了炫耀你在一些鸡毛蒜皮的小事上所能表现的风流才华，你少写了多少伟大的作品？

奢侈之风一盛行，必然会败坏风尚；风尚一败坏，又必然会败坏人们的审美力。如果在才俊之士中间有一个心灵坚毅的人拒不趋时媚俗，不愿制造无聊的作品来玷污他自己，那他就必然会遭到不幸！他将贫困而死，被人遗忘的。但愿我在这里所说的这番话，只是一种揣测，而不是确有其事。卡尔啊，皮埃尔啊[②]，你们手中的笔是用来画装点我们圣殿威严景象的圣洁的画像的，现在世风日下，你们赶快把笔放下，否则，它就会被滥用去给小马车的车厢上画淫画的。[③] 还有你庇加尔[④]，可与普拉西泰理斯[⑤]和斐狄阿斯[⑥]一比高低的庇加尔，你手中的凿子古人是用来雕刻神像的（见到这些神像，就可使我们原谅他们的偶像崇拜），如今，无与伦比的

---

① 阿鲁埃，即伏尔泰；伏尔泰的原名是：弗朗索瓦·玛丽·阿鲁埃。——译者

② 卡尔，本名夏尔·安德列·凡·鲁（1705—1765）；皮埃尔，本名让·巴普蒂斯特·凡·鲁（1684—1745）；弟兄二人都是擅长画以《圣经》故事为题材的巨幅彩色画画家。——译者

③ 后来，卢梭在他的《新爱洛伊丝》卷5第2封信中借圣普乐之口，对当时巴黎女人专用的小马车的车厢上乱画图画的现象提出批评。他说："有些女人还公然采用或支持这种做法，而且，她们的马车还比男人的马车多画几幅挑逗色情的图案。"（卢梭：《新爱洛伊丝》，李平沤、何三雅译，译林出版社2002年版，第537页）——译者

④ 庇加尔（1714—1785）：法国雕刻家。——译者

⑤ 普拉西泰理斯（公元前390—前330）：希腊雕刻家。——译者

⑥ 斐狄阿斯（公元前490—前431）：希腊雕刻家。——译者

庇加尔啊，你的手只好去捏制大肚子的丑泥人了，或者就让它闲着什么事也不做吧。

一提到风俗，我们便不能不欣然想起古时的纯朴景象。那出自大自然之手的湖岸风光之美[①]，真是赏心悦目，观之令人流连忘返。那时候，诚朴有德的人们喜欢请神明来见证他们的所作所为，同他们住在同一间小屋里。如今，人变邪恶了，不愿意看见这些妨碍他们行事的旁观者了，就把神打发到漂亮的庙宇里。后来，人们又把神赶出庙宇，由他们自己去住。如今的神庙已经同公民的住宅没有多大区别了。眼下，世风的堕落已经到了极点；我们可以这么说，神如今是被放置在大人物的豪宅的大理石门柱上的，是雕刻在哥林多式的柱子上的：这种做法，简直是把坏事做到头了。

当生活中的享受愈来愈多，艺术一天比一天完美，奢侈之风到处蔓延的时候，人的勇敢精神便消磨了，军中的士气便瓦解了。这一切，都是人们在阴暗的实验室搞科学和艺术所产生的结果。当哥特人在希腊到处掳掠的时候，所有的图书馆之所以一座也没有被焚烧，是由于有一个哥特人提出：把图书馆留给敌人，使他们成天懒洋洋地坐在图书馆看书，从而荒废他们的军事操练。查理八世[②]几乎是兵不血刃便占领了托斯堪尼和那不勒斯王国的；他的臣子们都认为这么出乎意料的顺利，完全是由于意大利的王公贵族们都喜欢使自己成为精通工艺的艺术家和知识渊博的学者，而不愿意当勇猛好斗的战士。的确，正如那个评述这两件史事的眼

① 指卢梭的家乡日内瓦的日内瓦湖的湖岸风光。——译者

② 查理八世(1470—1498)：法国国王，公元1494年曾派兵入侵意大利。——译者

光深邃的人[1]所说的：所有这些事例告诉我们，无论在军事上和其他类似的事情上，科学研究是只会削弱人的勇气而不会鼓舞人的勇气的。

罗马人承认：随着他们开始喜爱绘画、雕刻和金银器皿与精研工艺之时起，他们骁勇善战的气概便逐渐消失。这个泱泱大国似乎注定要成为其他民族的前车之鉴，因为，自从梅迪奇家族[2]兴起和文艺复兴之后，意大利几个世纪以来所享有的威名便再次甚或永远付诸东流了。

古希腊的那几个以制度优良著称的共和国，都曾明令禁止它们的公民从事坐在屋子里悠悠闲闲工作的职业，因为那是有伤身体和消磨志气的。请大家想一想：那些稍有一点儿需要未满足，遇到一点点艰苦便往后退的人，能忍受饥渴、不怕劳累和不怕死亡吗？从来没有干过艰苦活儿的士兵，有承担艰苦工作的勇气吗？在那些连骑马的力气都没有的军官率领下，士兵们有力气急行军吗？尽管有一些训练有素的现代士兵也很勇敢，但他们的那一点点儿勇敢的表现，也否定不了我在上面发表的看法。有些人向我夸赞这些士兵在某天某天的战斗中所表现的勇敢，但人们没有告诉我：那些士兵是否能承受过度的劳累和抵御严冬与酷暑的来临。只要稍稍有一点儿烈日或风雪，只要稍稍缺乏某些小小的东西，用不了几天工夫，我们最精锐的部队就会士气低沉，完全丧失战斗力。勇猛无畏的战士啊！请让我告诉你们很少听人说起的真实故

① 指蒙台涅。蒙台涅的这段评论，见他的《论文集》，卷 1，第 24 章。——译者

② 梅迪奇家族：意大利佛罗伦萨的一个以兴办商贸和银行起家的大家族，其势力，从 15 世纪起，就左右佛罗伦萨的政治、经济和文化生活达三个世纪之久。——译者

事。你们很勇敢，这我知道。如果在汉尼拔[①]的率领下，你们在坎尼和特拉西门尼斯是能打胜仗的；如果在恺撒[②]的率领下，你们是能渡过鲁比贡河去攻占罗马的。然而，当年第一个翻越阿尔卑斯的那位将军[③]的部下，如果是你们，那他是成就不了这一伟业的；那位征服你们祖先的将军[④]率领的，如果是你们这样的士兵，那他是不可能获此战功的。[⑤]

战役的胜利并不等于战争的胜利。要取得战争的胜利，将军们必须有一套高于打赢某一战役的战略才能。能勇敢上战场的人，也不见得就不是一个蹩脚的军官；对士兵来说，多一点耐力和毅力，也许比猛冲猛打更需要，因为猛冲猛打并不保证不死亡。对国家来说，军队是被酷暑或严寒致死，还是被敌人消灭，这有什么区别呢？

如果说搞科学研究对士兵的勇敢精神是有害的话，它对道德的提高就更不利了。从我们童年时候起，人们就拿一些毫无意义的东西来教我们，虽把我们教得外表上看起来很机灵，但却败坏了我们的判断能力。我发现，人们到处都不惜花费巨额的金钱修建规模庞大的学校来教育青年；学校里什么东西都教，就唯独不教他

---

① 汉尼拔（公元前 247—前 183）：迦太基名将，公元前 217 年率军越过阿尔卑斯山，大败罗马军队于特拉西门尼斯湖。——译者

② 恺撒（公元前 101—前 44）：罗马军事家和政治家，公元前 58 年远征高卢，公元前 49 年回师意大利，强渡鲁比贡河，进军罗马，击败庞贝，成为罗马的独裁者。——译者

③ 指汉尼拔。——译者

④ 指恺撒。“你们的祖先”指法国人的祖先古高卢人。——译者

⑤ 这两大段话，是先赞骁勇的统帅汉尼拔和恺撒，后贬没有战斗力的法国士兵；到了卢梭那个时代，波旁王朝的士兵已经士气消沉，成了“老爷兵”，故卢梭有此感慨。——译者

们做人的天职。你们的孩子不会说他们自己的语言，但却能说在任何地方都用不着的语言，会作一些几乎连他们自己也看不懂的诗。孩子们不仅没有学到区别真理与谬误的本领，反而学会了一套善于诡辩的技能，把真理与谬误搞混，使人分不清真伪。什么叫崇高，什么叫正直，什么叫谦和，什么叫人道，什么叫勇敢，他们全然不明白。“祖国”这个亲爱的名词，他们充耳不闻。虽说他们也曾听人谈起过上帝，但不是为了使他们敬畏上帝，而是为了使他们对上帝感到恐惧。* 有一位贤者说②：让我的学生把时间都用去玩网球，这样，至少他的身体可以变得更加灵活。我当然知道应当让孩子们经常运动；对他们来说，懒闲是最有害的。然则，应该教他们学什么呢？这的确是一个大问题！我的看法是：他们应当学习的，是他们成人之后应该做的事，** 而不要去学那些他们应该忘记的东西。

* 见《哲学思想录》①。

① 作者的这条脚注，指的是狄德罗的《哲学思想录》第 8 段；该段的全文是：“有一些人，我们不能说他们敬畏上帝，而只能说他们对上帝感到恐惧。”（狄德罗：《哲学著作选集》，巴黎伽尼埃出版社 1964 年版，第 13 页）——译者

② 指蒙台涅。蒙台涅在这里发表的见解，见他的《论文集》，卷 1，第 24 章。——译者

** 斯巴达最伟大的国王对斯巴达人施行的教育就是如此。蒙台涅说：“这件事情值得我们深思：按照莱格古士的良好政策（他的政策的确是非常之好），人们对儿童的教育是非常重视的，而且几乎把它当作一件主要的工作来抓，甚至就在缪斯的庙堂里，他们对孩子们也很少讲什么理论。由于心情活泼的年轻人不愿意受任何枷锁的束缚，所以人们给青年人延聘的老师，不是什么学者，而是在培养豪放的气概、行事的谨慎和公正方面有专长的人。”

现在让我们来看这位作者是怎样描述波斯人的。他说：“柏拉图说：他们对将来继承王位的长子是这样教育的，孩子出生之后，他们不是把孩子交给女人去抚养，而是交给以德行而受到国王信任的宦者去负责使孩子的身体长得又美又健康。满七周岁以后，就教孩子骑马和打猎；孩子长到十四岁，他们就把孩子交给这样 （接下页注释）

在我们的花园里安放了许多雕像，在走廊里挂了许多绘画。你们对这些用来让公众观赏的艺术杰作持什么看法？你们以为他们是祖国的保卫者吗？或者，是以其德行为祖国争光的伟大人物吗？不是。他们都是一些心灵和理智十分乖张的人物，是为了满足孩子们的好奇心而从古代的神话故事中精挑细选选出来的，而且，毫无疑问，是为了使孩子们先看一看这些恶行的榜样，然后才开始识字读书。

这一切荒谬的做法，如果不是由于人的才能的差异和道德的败坏在人与人之间形成的罪恶的不平等所导致的，那又是什么原因导致的呢？这是我们的学术研究所产生的最明显的后果，而且是一切后果之中最危险的后果。如今，对于一个人，不问他是否正直，而只问他是否有才华；对于一本书，不看它是否有用，而只看它是否写得好。对于有才的人，我们滥加奖励；而对于有德的人，我们却一点也不尊敬。对于夸夸其谈的话，我们给以千百种赏赐，而对于美好的德行，却一种奖励也没有。请各位先生告诉我：荣获这

(接上页注释) 四个人，即国中最有智慧的人、最正直的人、最谦和的人和最勇敢的人。第一个人教他宗教的教义，第二个人教他为人要真诚，第三个人教他如何克制他的欲念，第四个人教他无所畏惧。”我在这里补充一点，那就是：这四个人都应当教他做好人，谁也不教他如何当学者。

据色诺芬说：阿斯提亚齐斯要居鲁士向他讲一讲他最重要的教训是什么。阿斯提亚齐斯说：“在我们的学校里有一个大孩子的外衣太小，他把他的外衣给一个身材比他矮小的小伙伴，而强把小伙伴的外衣脱下来穿在自己身上。老师来请我评判这场争端。我说，此事就让他们这样办吧，因为就衣服的大小来说，这样交换一下，对双方都更合适。他说我这样裁判不对，因为我只考虑到了衣服的舒适，而没有首先考虑正义。从正义出发，谁也不能强把属于他人的东西夺走。他说那个大孩子受到了惩罚，同我们乡村学校里的孩子因忘了‘τύπτω’(希腊文：打)这个词的第一格过去时必定要受惩罚是一样的。我的老师还对我讲了许多实例，使我终于相信他的学校的确是那么好。”

所学院奖赏的最好的论文所得到的荣誉，能和建立这个奖项的崇高宗旨相比吗？

贤者是不追逐利禄的，但他对荣誉并不是无动于衷的。当他看见“荣誉”被人们如此滥加给予，他的精神（他的精神只要稍加鼓励，就能激发起来对社会产生良好作用的）就会消沉、一蹶不振。长此下去，人们必将愈来愈偏爱那些讨人喜欢的才能，而不看重有实际用处的才能。自从科学与艺术复兴以来，这种现象愈来愈严重。我们有许多物理学家、几何学家、化学家、天文学家、音乐家、画家和诗人，但就是没有公民。如果还有的话，他们也是分散在穷乡僻壤，一生贫困，被人轻视。那些向我们提供粮食并向我们的孩子提供牛奶的人的处境，就是如此；我们对他们的感情，就是如此。

不过，我也承认，这种糟糕的情况没有想象的那么严重。因为上天早已做了安排：他在各种毒草旁边种了解毒的药草，在各种凶恶的动物的身体中放了能医治它们给人造成的伤害的药；同样，上天也教导各国的君主（他们是传播上天教导的使者）模仿他的智慧。他让那位年年都将获得新的光辉成就的伟大君王[①]也要像他那样行事：在科学和艺术的领域中虽建立了那些拥有有害人类的知识的著名的学院，但要督促它们倡导美好的风尚和维护风俗的纯洁，并严格要求它们接纳的成员务必身体力行。

这些高尚的学院，得到了那位君王的贤明的继承者的大力支持，并为欧洲各国的君王所仿效，因此，它们至少可以成为文人学士们的一种约束。因为，既然他们都渴望获得进入这些学院的荣

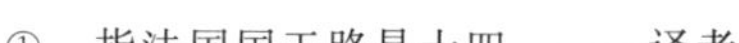

① 指法国国王路易十四。——译者

誉,那他们就必须严格要求自己,以他们有益的作品和无可指摘的端方行为证明他们配享这份荣誉。凡是对优秀的文学作品设置奖项的学院,都应当选择足以在公民们的心中激起对道德热爱的题材,从而表明这些学院本身就是热爱道德的,让人民有此难得的机会欣然看到这些博学的学院不仅致力于对人类传播有益的知识,而且还努力于对人们施行有益的教育。

人们对我提出的反对意见,没有一个不反而再次证明我的看法是正确的。花那么多心思,表明有花那么多心思的必要;而对于并不存在的坏事,是用不着去寻求补救的办法的。目前的办法既然没有足够的效果,为什么还把它们当作良方呢?为了学者们的利益而设立那么多机构,反而模糊了科学研究的目的,使学者们为搞科学研究而搞科学研究。从人们采取的办法看,似乎是担心农夫太多而哲学家太少。我不想在这里贸然把农业和哲学加以比较,人们是不喜欢做这种比较的。我只想问一问:什么叫哲学?最著名的哲学家的著作里讲了些什么?这些智慧之友给人们带来了什么教益?他们当中的每个人都在广场上叫嚷:“到我这里来,只有我不骗人。”一听他们的话,人们岂不明白他们都是一群江湖骗子?一个说[①]并不存在实体,一切都是表象;另一个说[②]除了物质以外,便没有别的实体,除了人以外,就没有其他的神;这个人说[③]

① 指英国神学家贝克莱(1685—1753)。——译者

② 指法国哲学家霍尔巴赫(1723—1789)。——译者

③ 指谁?很难确定;有人认为是指《蜜蜂的寓言》的作者曼德维尔——一位于17世纪在英国行医的荷兰医生。这位医生在书中“对人类的美德大加贬抑”。(见卢梭:《论人与人之间不平等的起因和基础》,李平沤译,商务印书馆2007年版,第72页)——译者

既没有善行，也没有恶行，善和恶都是虚妄的；那个人又说[①]人是豺狼，他们互相残害已见惯不惊，成了平常事。各位哲学大师啊！把这些有益的东西拿去教你们的朋友和你们的孩子吧；教给他们，你们不久就会大有收获的，而我们也就不用担心我们当中有哪一个人会成为你们这帮人的同伙了。

那些出类拔萃的大师，竟然是这么一种人！可他们生前却受到他们同时代的人的无比敬重，死后还受到人们永远的怀念呢！他们教给我们的，竟是那么一些高深的学问，还要由我们一代又一代地传给我们的子孙。异教徒的书虽充满了违背人类理智的荒唐语，但它们留下的东西，能与印刷术在《福音书》盛行的时代印制的那些可耻的著作相比吗？留基伯和狄阿格拉斯[②]的亵渎宗教的著作，已经随着他们的死亡而消失。那时，人们还没有发明可使人的荒谬作品永远长存的办法。然而，由于有了活版印刷术[*]和它的

① 指英国哲学家霍布斯(1588—1679)。——译者

② 留基伯是古希腊哲学家德谟克利特的老师，狄阿格拉斯是德谟克利特的学生；三人都是无神论的唯物主义哲学家。——译者

* 由于印刷术在欧洲造成了可怕的混乱，再鉴于这个祸害日益加剧而将影响到未来，人们很容易看出，各国君王必将毫不犹豫地加紧把这项技术逐出他们的国家，就像他们当初努力在他们国家推广这门技术一样。阿默特苏丹先是答应了几个自命为高雅之士的人纠缠不休的请求，同意在君士坦丁堡建立一家印刷厂，但印刷厂刚开工修建不久，就被下令拆毁，并把所有的机器扔进一口井里。据说有人问哈里发奥玛应当怎样处置亚历山大城的图书馆。哈里发奥玛回答说："如果这个图书馆里的书有违反《古兰经》的言论，那它们就是坏书，就应当通通烧掉；如果它们包含有《古兰经》的教义，那它们就是多余的，因此也应当通通烧掉。"我们的学者们认为哈里发奥玛的这番话，简直是荒谬透顶了。然而，假定格雷高里大教皇处在哈里发奥玛的地位，假定《福音书》就是《古兰经》，那座图书馆里的书也可能还是被烧掉的。果真这样的话，这位著名的教皇在他一生中就做了一件大好事。

广泛应用，霍布斯和斯宾诺莎①的那一套危险的胡言乱语便可以永留后世了。让我们的祖先由于知识浅陋和性格粗犷而无法读懂的这类著名的著作流传四方，让它们在我们的子孙中随着那些散发出我们这个时代的风气的腐朽气味的有害的作品到处流传，愿它们为后世的人们留下一部记述我们的科学与艺术的进步和作用的可信的史书。如果他们能读到这本书，他们就不会对我们今天讨论的问题感到困惑了。只要他们不像我们这样荒唐，他们就会举着双手向天，怀着满腔的痛苦说："全能的上帝啊，你手中掌握着人的心灵，快把我们从我们父辈的论调和害人的艺术中解救出来，把无知、天真和贫穷还给我们，只有它们才是唯一能使我们幸福和受到你的珍视的财富。"

既然科学和艺术的进步没有给我们真正的福祉增添任何东西，既然它们败坏了我们的风俗，而风俗的败坏又损害了我们的审美观的纯洁性，那么，我们对于那帮力图把阻止人们走近缪斯圣殿的困难通通扫除的肤浅的作家们，应持何种看法呢？人们须知，那些困难正是大自然为了考验努力求知的人是否真有毅力而设置的。对于那些轻率地打开科学的大门，把一群不适宜于接触科学的一般民众引进科学圣殿的编著者们②，我们应怎样看待呢？对于那些在文学事业上不可能有大发展的人，在他们刚一向这个领域的大门迈步时，我们对他们就应当加以劝阻，劝他们去从事其他

① 斯宾诺莎(1632—1677)：荷兰唯物主义哲学家。——译者

② 这里所说的"编著者们"，是指那些编写科学趣话之类的小册子的作者，例如曾名噪一时的普吕什神甫；他写了一本《大自然的奇观》，虽传播了科学知识，但也有不少错误。——译者

有益社会的技艺。一个终其一生只能成为一个蹩脚诗人或二流数学家的人,如果改行去织布,说不定会成为一个大纺织家。大自然认定要收其为徒的人,是不需要老师的。弗鲁冷[①]、笛卡尔和牛顿这样一些人类的导师,是从未有过老师的。哪个老师能指导他们达到他们巨大的天才所达到的高度?一般的老师将把他们的能力束缚在老师有限的能力范围之内,从而扼杀他们的天才。正是由于一开始就遇到了困难,所以他们才学会了如何加倍努力,超越他们所经过的广大领域。如果说一定要有某些人从事科学和艺术的研究的话,那也只能让这样一些人:他们必须自信有能力踏着前人的足迹前进,并最后超过前人。能为人类才能的伟业树立丰碑的,就是这样一些少数人。的确,如果人们不希望有任何东西超越他们的天才,那就不能指望有任何东西超越他们的希望。他们需要的唯一鼓舞就是如此。心灵总是不知不觉地与它追求的目的成比例的。有伟大的时势,才能成就伟大的人物。口若悬河、最擅雄辩的大师,要数罗马的那位执政官[②],而最伟大的哲学家,也许就要数英国的那位掌玺大臣了[③]。如果前者只是在某个大学里当一名教师,如果后者只是在某个学院里领一份微薄的薪水,请问:他们的成就能不受他们工作条件的影响吗?但愿各国的君王敞开胸怀,把最能向他们进献忠言的人纳入内阁,愿他们抛弃那些骄傲的大人物所持的旧偏见:认为领导人民比教导人民更难;好像要求人民自觉为善比用强力迫使他们为善更容易似的。但愿第一流的学

① 即英国哲学家弗兰西斯·培根(1561—1626)。——译者

② 指西塞罗。——译者

③ 指弗兰西斯·培根;培根于1617年曾一度任英国的掌玺大臣。——译者

者能在朝中找到一个光荣的位置。但愿他们只获得一份与他们的工作相称的报酬，即：由于他们以智慧启迪人民，从而给人民带来幸福而给予的报酬。只有在这个时候，人们才能检验由高尚的进取心所激发的并齐心协力为人类的福祉而工作的有道德和科学知识的学者与掌权的君主能做出些什么事情。但是，只要君主只顾他自己，学者们也只顾他们自己，则学者们便很少思考大事，君主则更少做好事，人民便依然是卑贱的、愚昧的和不幸的。

至于我们这些普通人，上天并未赐予我们巨大的才能，也未让我们获得多么大的光荣，我们将安于我们默默无闻的境地。我们不会去追求我们无法得到的荣誉，何况在目前现实的情况下，对于那种得不偿失的荣誉，我们根本就不看在眼里，尽管我们有能力获得它。既然在我们自身能获得幸福，我们为什么要去求他人给予幸福呢？让别人去教育人民履行他们的天职，我们只努力尽我们自己的天职；我们没有必要在这方面知道更多的东西。

道德啊！你是心灵纯朴的人所探讨的最崇高的科学，难道非要花许多力气并经过许多过程才能寻到你吗？你的原则不是铭刻在每一个人的心里吗？不是只需反躬自问，并在欲望沉静的时候倾听良心的声音，就能知道你的法则吗？① 这才是真正的哲学，让我们满足于懂得这门哲学。我们并不羡慕那些在文学领域里永垂

① 这段话的意思，卢梭后来在《爱弥儿》中又再次发挥，他说："良心呀，良心！你是圣洁的本能，永不消逝的天国的声音。是你在妥妥当当地引导一个虽然是蒙昧无知然而是聪明和自由的人，是你在不差不错地判断善恶，使人形同上帝；是你使人的天性善良和行为合乎道德。没有你，我就感觉不到我身上有优于禽兽的地方；没有你，我就只能按我没有条理的见解和没有准绳的理智可悲地做了一桩错事又做一桩错事。"（卢梭：《爱弥儿》，李平沤译，商务印书馆 2007 年版，下卷，第 417 页）——译者

不朽的名人的荣耀。让我们和他们之间像古时的两个伟大的民族那样[①]有一个明确的区别：让他们去研究怎样说话才漂亮，让我们研究怎样做事才稳妥。

① “古时的两个伟大的民族”，指古希腊人和斯巴达人。这两个民族的区别，蒙台涅在他的《论文集》卷 1 第 25 章中有这样一段描述：“在希腊的城市里，到处都是修词学家、画家和音乐家，而要寻求立法者、行政官和军队的统帅，那就只有到斯巴达人那里才能找到：在雅典，人们研究的是如何说话才能把话说得好听；而在斯巴达，人们研究的是如何办事才能把事情办好。”——译者

附　　录：

《纳尔西斯》[1]序言

我写这部喜剧的时候，年仅十八岁。由于我对作家的荣誉看得很重，所以我一直没有把它拿给任何人看过。现在我终于鼓足勇气把它印出来，而且还不能不说几句。我要说的，不是我这个剧本，而是我这个人。

我必须讲一讲我自己，尽管我很不愿意；对于人家说我的那些过错，有的我承认，有的则需要加以澄清。我很清楚，双方使用的武器不一样，人家用的是冷嘲热讽的语言攻击我，而我是用讲理的办法为自己辩护。我的目的，是要证明我的对手犯了错误，至于是不是能说服他们，我不在乎。我努力的方向，是使我值得我自己的

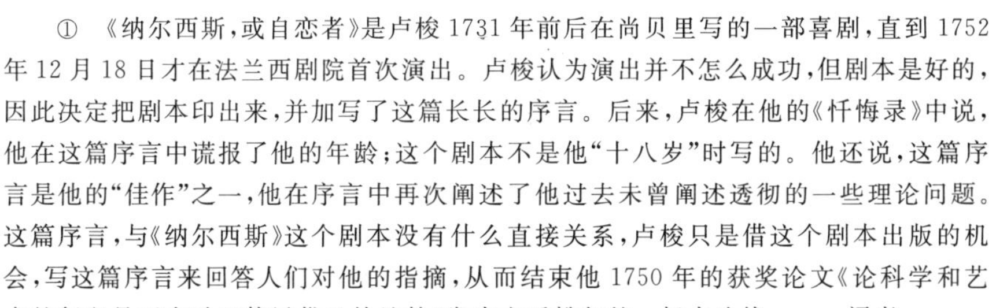

① 《纳尔西斯，或自恋者》是卢梭 1731 年前后在尚贝里写的一部喜剧，直到 1752 年 12 月 18 日才在法兰西剧院首次演出。卢梭认为演出并不怎么成功，但剧本是好的，因此决定把剧本印出来，并加写了这篇长长的序言。后来，卢梭在他的《忏悔录》中说，他在这篇序言中谎报了他的年龄；这个剧本不是他“十八岁”时写的。他还说，这篇序言是他的“佳作”之一，他在序言中再次阐述了他过去未曾阐述透彻的一些理论问题。这篇序言，与《纳尔西斯》这个剧本没有什么直接关系，卢梭只是借这个剧本出版的机会，写这篇序言来回答人们对他的指摘，从而结束他 1750 年的获奖论文《论科学和艺术的复兴是否有助于使风俗日趋纯朴》发表之后挑起的一场大论战。——译者

尊重，而不管别人是不是尊重我。在他们这些人当中，有一大半是不想得到我的尊重的。虽说他们对我的议论不管是好是坏，我都可以置之不理，但若他们硬要心怀恶意地指摘我，那我就不能不认真对待了。我坚持的是真理，因此，重要的是，对为真理辩护的人的指摘要言之有理，而不能光说什么他对真理的辩护是一时的兴之所至或者是追求虚荣，说他不爱真理，也不懂得真理。

几年前，我一开始研究这个问题，就给我招惹了一大帮把文学家的利益看得比文学事业的尊严还重要的对立派*。我早已料到，而且毫不怀疑：在这件事情上，他们的行为反而比我自己的文

* 有人告诉我说，有些人认为我不该把反对我的人称为对立派。我觉得，在一个对任何事情都不敢直言不讳地讲的世纪，那些人的看法似乎颇有道理。我还听人说，在我的对立派中，每一个人都因我只回答别人的反对意见而不理睬他的意见竟大发牢骚，说我不该浪费我的时间去胡思乱想。这些说法，证明了我怀疑已久的事情：他们从未花过时间彼此互相看看各人的文章和听听各人的意见。至于我，我是花了许多工夫去搜集和阅读他们攻击我的文章的。文章很多，从第一篇我很荣幸地成为靶子的文章起，一直到四个德国人的讲道词，我都拜读过。有一个德国人的讲道词开头大致是这么说的："各位兄弟们，如果苏格拉底再回到我们中间，看看这繁荣兴旺的国家，看看在欧洲（我刚才是说在欧洲吗？）、在德国（我说了在德国吗？）、在萨克斯（我说了在萨克斯吗？）、在莱比锡（我说了在莱比锡吗？）、在这所大学里，科学是多么昌盛，苏格拉底会大吃一惊，并深表敬意的。他将悄悄地与我们的学生坐在一起，恭恭敬敬听我们讲课，不久就和我们一样，脱离他有理由抱怨的蒙昧无知的状态。"他们的文章，我都看过，但只是对其中少数几篇作了回答，即使这样，我也认为回答得太多了。使我高兴的是，有几位先生觉得我的文章写得很有趣，并以受到我的青睐而颇感自豪。至于那些对"对立派"这个字眼感到不快的人，我完全同意对他们不再用这个词儿，但条件是，他们必须给我提供另外一个名称；这个名称，不仅适合于那些曾经攻击过我的人（无论他们是写文章攻击我，还是更隐蔽地和更放肆地在女人或文人圈子里——他们知道我是不会到这些圈子里去为我辩护的——攻击我），而且还适合于那些今天还硬说我没有对立派的人。这后一种人怪我看见我的对立派的文章不进行反驳，可是当我进行反驳时，他们又骂我不该那么做。但愿他们允许我继续称我的对立派为"对立派"，因为在我们这个世纪，固然是人人都该注重礼貌，但只怪我是菲力普时代的马其顿粗人。

章更于我有利。请看他们毫不掩饰他们吃惊和难过的心情,说什么一个科学院办事固然要公正,但这一次却公正得不是地方。他们出言不逊、不遗余力地抨击该院[①]甚至编造谎言[*],力图冲淡该院评语的意义。他们在文章中也点了我的名,说什么有人已经把我大批了一通,还说各位学者已经了解他们花了多么大的力气干这件事,公众也看到了他们取得了多么大的成功。有几个比较狡猾的人觉得,如果直接攻击我所揭露的事实的话,那是很危险的,因此,他们很巧妙地掉过笔锋,攻击我的人身,而对于我提出的理论,他们却绕道而行,一句不提。然而,他们的文章是只应当针对我的理论,对事不对人的。从他们对我提出的指摘就可看出,他们企图使人们忘记我对他们提出的严重指摘。因此,我要反驳的,是他们;我要给他们来一个一揽子回敬。

他们硬说我所论证的事实,连我自己也不相信;说我一边在论证一个命题,一边却在说正确的观点应当与之相反。这就是说,我论述的事情是如此的荒诞,人们有理由认为我对它们的论证完全是文字游戏。在这件事情上,他们对这个作为其他一切知识的基础的科学,真是太夸奖了,难怪他们看到我成功地运用写理论文章的技巧来论证荒诞之事,便以为这种技巧在真理的发现方面可以起什么大作用!

他们说我所论证的事实,连我自己也不相信。这是他们采用的一种简单化的新方法:对于别人的理论,只说不好但又不提出反

① 指第戎科学院。——译者

* 人们在《信使报》1752 年 8 月号上可以找到第戎科学院对一篇我未读过的文章发表的声明,谴责那篇文章的作者谎称该文是该科学院的一个院士写的。

驳的理由；这倒很省事，就连欧几里得的几何学和世间一切已有明证的事情，都可用他们的这个方法来批。我觉得，那些指摘我口出狂言和心口不一的人，才真正是肆无忌惮和口头一套心里一套的人。他们在我的著作和行为中未找到任何根据对我提出那样的指摘；这一点，我不久就可以证明。他们应当知道，一个人只要说话真诚，人们就应当相信他口头是怎么说的，心里就是怎么想的，除非他的行为和文章证明他说的全是假话。

他们爱怎么叫嚷，就让他们怎么叫嚷；说我反科学也好，说我说话心口不一也好，我对于这种胡言乱语、毫无根据的指摘，只有一个答复，一个简单明了的答复，我请他们务必把它牢记在心。

他们说我的言行是互相矛盾的。毫无疑问，他们是想从言行不一这个角度来证明对我的前一个指摘是有根据的。专门爱说似是而非的话的人是很多的。他们说我既搞音乐又写诗，所以我贬低艺术的价值，是为不智；他们说在我假装看不起的文学事业中，有许多比写喜剧更值得称赞的事情可做。对于这种说法，也应当加以驳斥。

首先，即使承认他们的说法从各方面看都是对的，我认为，那也只能说明我做得不好，而不能证明我说的话不是出自真心。如果可以拿人的行为作为他的感情的证据的话，我们可以说，所有的人早已把对正义的爱从他们心中排除出去了，世上连一个基督徒也没有了。如果他们能举出几个始终是言行如一的人，我就认为他们对我的指摘是对的。人类的命运就是如此：我们的理智向我们指出了目标，而我们的感情却使我们偏离。如果我真有不按我的言论行事的情形的话，他们也不能单单因为这一点就指摘我说话违心,说我的理论是错误的。

如果我想驳斥这一点的话,我只需把不同时期加以比较,就可以证明我做的事情是有一个经过的过程的。我不可能每做一件事情都要等到考虑好了以后才做;由于我们这个时代的偏见的长期影响,我把读书做学问看作是唯一值得一个聪明的人从事的工作。我尊重科学,敬佩有学问的人*。我想象不到他们在论证真理的同时,却老走邪路;他们讲起话来头头是道,但做起事来却做得很差。只是后来在仔细观察了许多事情之后,我才明白应当如何评价他们的书。因此,尽管我在他们的书中看到的都是些摇唇鼓舌、言之无物的东西,但我要经过许多时间的思考和观察之后,才能摧毁我心中对他们在科学上的华而不实的说法的敬仰。在我拘泥于成见和屡走弯路的那段时间,我对作家的地位是非常向往的,因此,我有时候也想取得这种地位,是不足为怪的。我那段时间的诗和大部分作品,包括这部喜剧在内,就是在这种情况下写出来的。他们今天责备我青年时候所写的那些玩意儿,那就未免太苛刻了,至少,他们不该说我所写的那些东西不符合我的理论,因为那时候我还没有什么理论嘛。很久以来,我就对这些东西不抱任何发表的希望了,只是在十分谨慎地保存了很长时间以后,我才大着胆子把它们拿给公众看。这就是说,我既不汲汲于想得到人家的称赞,

* 每当我想起我过去的头脑是多么单纯时,我就禁不住好笑。我没念过任何一本伦理学或哲学方面的书,我根本就不相信在这种书中可以看到作者真正的心灵和道德准则。我曾经把这一类严肃的作者个个都看作是谦虚的、睿智的、有道德的和无可指摘的人。我把他们的为人想象成天使似的。要是我能到他们当中任何一个人的家,我一定会把他的家看作是圣殿,一直到我最后看清了他们的本来面目,我这种幼稚的想法才烟消云散。在我的种种错误中,只有这一个错误是由他们帮我纠正过来的。

也不愿意挨人家的骂，骂我写得不好。我已经不认为我是这些作品的作者了。它们好比是几个仍然受到我疼爱的非婚生的孩子，一想到我是它们的父亲，我就赧颜。现在，我决定与它们告别了；我把它们打发出去，让它们出去各碰各的运气，我再也不为它们将来的情况如何而操心了。

我针对那些胡言乱语的说法而讲的话，已经够多了，如果他们还要毫无道理地指摘我既从事文学又轻视文学的话，我认为，就没有必要再为我辩护了，因为事情终将大白，辩护与否，已无关紧要了。我要说明的，就是这一点。

为此，我将按照我的习惯，采用一种既简单而又容易实行的办法来阐明真实的事实。我将重新明确问题的实质，重新陈述我的观点，然后等待人们根据我的陈述向我指出我的行为在哪一点上不符合我的言论。我的对立派也许会不正面回答；他们无论对什么问题，不管是赞成还是反对，都有一套好办法。他们的习惯做法是：先按照他们稀奇古怪的想法提出另外一个问题，迫使我按照他们的思路去解答。为了更容易攻击我，他们让我去论证，并且要按他们的方法而不能按我的方法论证。他们善于转移读者的视线，使之离开主要的目标而转向右边或左边，这样，他们就可随意攻击一个虚幻的影子，并且说把我打败了。可是我，我偏要该怎么说，就怎么说。我现在就开始。

“科学毫无用处，它有害而无益，因为它的性质决定了它是一件坏事；它之与罪恶难以分开，亦如无知之与道德不可分离。所有一切有文化的读书人都腐败了，而所有一切无知无识的人反倒个个都有德行，我们可以直截了当地说：罪恶的事情都出在文人学士中间；除一无所知的人以外，如今就找不到一个有德行的好人，因

此,我们只有一个方法可使我们重新成为好人,这个方法是:赶快把科学束之高阁,把有学问的人都通通撵走,把所有的图书都烧掉,把所有的科学院和大学、中学都一起关闭,让我们重新过初民时候的野蛮生活。”

以上就是我的对立派振振有词地批驳我的话;然而,这样的话,我一句也没有说过,也没有想过。人们再也想象不出还有什么东西比他们强加给我的奇谈怪论与我的理论更南辕北辙、风马牛不相及了,至于我真正说过的话,他们却无一语道及。

问题的中心是要弄清楚:科学和艺术的复兴是否在净化我们的风俗方面起了作用。

正如我以前的做法那样,只要把我们的风俗一点也没有得到净化*阐述清楚了,这个问题就差不多解决了。

然而,这个问题却暗中含有另外一个更加广泛和更加重要的问题,即:人们应当看到科学的传播对各个民族的风俗处处发生的

* 虽然我说我们的风俗如今已经败坏,但我并未说我们祖先的风俗就是好的,我的意思只是说我们的风俗现在比从前更坏而已。在人类中有成百上千的腐败的根源,但来自科学的根源最多,流传得也最快,它差点儿就成了唯一的根源了。罗马帝国的灭亡,一批批的野蛮人的入侵,造成了多民族的混居和杂处,因而必然使他们各自的风俗和习惯逐渐消逝。几次十字军远征,通商贸易的发达,东印度的发现,以及航海、旅游和其他我难以胜数的原因,使风俗习惯愈来愈乱了。所有一切使各国之间交通便利的发明,带给一个国家的,不是别个国家的美德,而是别个国家的恶习,从而使原来适合于自己的风土人情和政治制度的风俗遭到败坏。科学所起的作用并不全是坏的,它也有好的一面。它的坏,是坏在给我们的罪恶之事披上一件好看的伪装,戴一副善良的假面具,使我们对罪恶不产生恐惧。当《坏人》[①]这出喜剧第一次演出时,我记得,观众并未看出那个主角就是坏人。克勒翁看起来是一个普通人,人们都说他和大家完全是一样的。这个可憎的恶棍的性格已经暴露得那么明显,本应使那些与他相似的人战栗,但他们却把他只看作是一个平常人。他狠毒的手段之所以让人看起来很文雅,是因为那些自以为是好人的人认为那个恶棍处处都像自己。

① 《坏人》是格雷塞写的一部五幕喜剧,第一次演出是在1747年4月。——译者

影响。我要详细探讨的,是这个问题,因为前一个问题只不过是这个问题的结论。

我先从事实开始谈起,我将论证随着各国人民对科学和文学的兴趣的增加,他们的风俗将日趋败坏。

这样说还不够。有些人不能否认这些事情是同时发生的,他们便否认一件事情可以带动另一件事情,因此,我要对它们之间的必然的联系多谈几句。我要让人们看到,我们在这个问题上之所以产生错误的看法,是由于我们把一知半解的假知识和洞察事物本质的真知识混为一谈了。从抽象的意义上说,科学是值得我们十分重视的,但对于有些人的荒唐无稽的学说,我们则应嗤之以鼻、付之一笑。

对文学的爱好,预示着一个国家的人民中间已经开始的腐败现象将加速发展,因为,在一个国家中,这种爱好的产生,是由于做学问的人有两种坏习气,即:贪图安逸和爱出风头。愈做学问,这两种坏习气便愈严重。在一个治理得很好的国家里,每一个公民都有他必须履行的义务,他们非常重视他们应当尽的重要职责,所以没有功夫搞那些无聊的琐碎事情。在一个治理得很好的国家里,所有的公民都是那么的平等,谁也不能被看作是最有学问和最能干的人,顶多只能被看作是比他人略胜一筹而已,何况这一差别也是很危险的,因为它将使有些人变成骗子和伪君子。

对文学的爱好,来源于爱出风头,因此,它必然会产生许多恶果,其为害的程度,比文学给人们带来的好处大得多。这种爱好是无益的,它最终将使那些爱舞文弄墨的人为了成功,便行事不择手段。早先的那些哲学家教导人们要履行义务和尊重美德,所以他们享有盛名。然而,他们的教导不久便成为老生常谈,因此,必须另辟蹊径,反其道而行之,才能出人头地。莱希普[①]、戴奥吉尼斯[②]、皮罗[③]、普罗塔哥尔[④]、卢克莱修[⑤]、霍布斯[⑥]、曼德维尔[⑦]之流的荒谬学说,就是由此而产生的。还有许许多多人也想在我们当中拔尖。他们害人的理论还真取得了很大的效果,以致,尽管有一些真正的哲学家仍然在奔走呼号,想唤醒我们心中对人类天经地义的法则和美德的爱,但我们仍然吃惊地发现,我们这个侈谈理论的各家学说已经使人们对做人和做公民的义务轻视到了何等程度。

对文学、哲学和美术的爱好,将取代我们心中对我们的根本义务和真正的光荣的追求。只要重才而轻德的思想一流行,每个人都想成为一个讨人喜欢的人,谁也不愿意做好人。看人只看重那些不属于一个人固有的品质,这种怪事就是由此而产生的。人们须知:我们的才能是后天取得的,而品德才是属于我们天生就有的。

对于我们的教育,人们首先关心的,而且几乎可以说是唯一关

① 莱希普:约公元前5世纪古希腊哲学家。——译者

② 戴奥吉尼斯(约公元前410—前323):古希腊犬儒哲学家。——译者

③ 皮罗:约公元前4世纪古希腊哲学家。——译者

④ 普罗塔哥尔(约公元前485—前411):古希腊哲学家。——译者

⑤ 卢克莱修(卡鲁士·卢克莱修,公元前98—前55):古希腊伊壁鸠鲁学派哲学家。——译者

⑥ 霍布斯(1588—1679):英国哲学家,绝对君主专制制度的鼓吹者。——译者

⑦ 曼德维尔(1670—1733):英国作家,著有《蜜蜂的寓言》。——译者

心的，就是要我们接受那些可笑的偏见，人们要把它们撒播在我们的心田里。为了让可怜的年轻人学文学，人们想尽办法折磨他们。他们学了一条条语法规则，可就是没有人给他们讲做人的道理。从古到今的故事他们都学了，可是他们该做些什么，谁也不向他们提及。人们训练他们喋喋不休、唠唠叨叨地练口才，可是却从不指导他们如何办事和如何动脑筋思考，总而言之一句话，硬要把他们训练成为通晓许多对我们毫无用处的东西的饱学之士。人们采用古代训练竞技士的办法来训练我们的孩子。古代的竞技士只把他们强壮的四肢用来搞毫无实际用处的训练，而从来不用它们去从事有益的劳动。

对文学、哲学和美术的爱好，将使我们的身体和精神日趋委靡。书斋生活将使人变得很娇气，体质很虚弱。身体一旦失去体力，脑筋也就很难保持脑力了。读书做学问，将使身躯这部机器遭到磨损，枯竭我们的精神，耗尽我们的体力，摧毁我们的勇气。单单这些，就足以证明它不适合于我们去从事。人们就是因为读书做学问而变得懦弱和胆小如鼠的，既受不了苦，也抵抗不了情欲的骚动。大家都知道：城市里的人是不适合于去当兵打仗的。每个人的心里都有数：那些自夸有英雄气概的文人到底是怎么一个英雄模样的[*]。再也找不到什么事情比一个胆小鬼获得的荣誉更值

* 在这里，对于那些指摘我只举古代的例子的人，我举一个现代的例子。热那亚共和国为了要顺顺当当地制服科西嘉人，他们发现，最好的办法无过于在该岛建立一个科学院。要把这条脚注写长一点，当然不难。不过，那样一来，会伤我所爱护的读者的脑筋的。

得怀疑的了。

过多地考虑我们天性的柔弱，往往会使我们对豪迈的事业畏缩不前，不敢从事。过多地思考人类的灾难，我们的想象力就会受到压抑。过多地担心未来，就会使我们失去勇气，反而使我们目前不得安宁。为防备预料不到的事情而做种种准备，那是徒劳的。“科学在试图用新的防备天灾的办法来武装我们的同时，也使我们在所做的那些奇异的事情上感到了各种天灾的大小和严重性；科学是不错的，但它空有巧妙的办法使我们预知天灾，而天灾依然降临。”①

一个人一爱上哲学，他就会松弛他与社会的联系，他就不那么尊重人和亲近人。这也许是哲学给人类带来的坏事之中最危险的坏事。对研究哲学入了迷，不久就会对其他的事物感到乏味。哲学家在不断对人类的命运进行思考和观察之后，便按照人的价值来评判人，因此，他不可能对他所轻视的人产生深厚的爱；他将把一切利益都捞归自己，而有道德的人则是与他自己的同胞分享的。哲学家傲气十足地轻视别人；他只爱他自己，他爱自己的心增一分，他对别人漠不关心的态度也跟着增一分。在他看来，什么家庭呀，祖国呀，全都是空话：他既不是任何人的亲友，也不是公民，也不是凡人，他是哲学家。

科学的发展虽然在某种程度上使哲学家的心稍有收敛，少在报上乱发议论，但却使文学家的心蠢蠢欲动，使道德受到损害。每

① 引自蒙台涅《论文集》卷三第七章。——译者

一个卖弄才华的人都想讨人家喜欢，受人家称赞，都想大家说他比别人高明，巴不得大家只对他一个人鼓掌。我敢说，他所做的一切，都是为了得到人家的掌声，虽然他不敢公开不让人家对他的同行叫好。从这种心理状态，将产生两种极端。他一方面追求生活情趣的高雅，喜欢繁文缛节的礼仪与低三下四的吹捧，时时巴不得人家对他备献殷勤，久而久之，他的心胸必然变得十分狭窄，灵魂非常卑鄙；另一方面，他对别人事事嫉妒，争强好胜，把同行当冤家，造谣中伤，欺骗和背叛朋友；举凡一切丑恶和肮脏的事，他无一不沾、无一不为。如果说哲学家轻视别人的话，文学家则是招人家轻视他自己，而这两种人都在争相使他们最后成为被人轻视的人。

再说一次，在我提请各位贤人哲士注意的事实中，这是最令人吃惊和最可悲的事实。我们的著述家把一切都看作是我们这个时代的政治的出色的成果，说什么科学、艺术、奢侈的行为、通商贸易、法律和一切使人与人之间的社会关系*日益密切的联系，这一切，都是我们这个时代使之完善的；说它们利用个人的利害关系，使所有的人都互相依赖、互相需要，有共同的利益，从而使每一个人都必须为他人的幸福做出努力，才能取得自己的幸福。这些想法当然是好的，而且讲得很有道理，不过，不偏不倚地仔细一研究，你就会发现，有许多因素将使它们开头带来的

* 哲学使建立在互相尊重和友好基础上的联系日益松弛，这，我不赞成。同样，我也不赞成科学、艺术和一切商品利用个人的利害关系使社会关系变得十分密切。实际上，密切了一种关系，就必然会松弛另一种关系。以上的看法，并不矛盾。

好处大打折扣。

使人与人之间不彼此防范,不互相排挤,不互相欺骗,不互相背叛,不互相打击,就不能生活,这真是一种妙不可言的事情!如此说来,我们今后只好像我们今天这样生活了,因为,对于两个利益一致的人来说,也许另外有千百种利害关系使他们互相冲突。若要取得成功,除了欺骗或搞垮对方以外,便别无他法。一切暴力、背叛、忘恩负义和种种恐怖事情的可怕的根源,就在于此,因为,两个人彼此都在假装为对方的幸福或荣誉工作,而实际上却在千方百计地牺牲对方,抬高自己。

这一切,使我们得到了什么好处呢?使我们听到了许多杂七杂八的胡言乱语,使我们增添了许多富翁和空谈理论的人,即美德和常识的敌人。我们有所得,也有所失:我们失去了天真和善良的风俗。许多人处在水深火热之中,大家都成了罪恶的奴隶;有些罪恶的勾当现在虽然还没有干,但早已有人策划在心中,只要有不受惩罚的把握,他们就会付诸实施。

荒谬的社会制度极有利于富人找到聚集更多财富的手段,而一无所有的人想得到点什么好处,简直比登天还难;在这种制度下,善良的人无法走出困境,而坏人却备受尊敬;不干好事,反倒成了好人!这些话,我知道,有些敢直言的人已说过一百次。不过,他们只是大声疾呼地说,而我,我要说就要说出其中的道理。他们看到了罪恶的现象,而我则要分析其中的原因。我尤其要人们看到一种非常令人欣慰和有意义的事情,指出所有这些弊病的根源不在人，而在于人被治理得不好。*

这就是我阐述的真理；对于这个问题，我曾在我发表的几部著作中加以论证，现在，让我把我从其中归纳出来的结论陈述如下。

一般地说，科学并非处处都是于人有利的。人们在科学研究中不断走入歧途，虽说人们有时候也得到科学之益，但无一次不是在得益的同时也受到损害。人是为了行动和思想而生的，而不应

---

* 我发现，如今在世上流传着许许多多嘉言隽语，以哲学家的口吻说出来诱惑头脑单纯的人；用这类美妙的言辞来结束争论是很灵的，只需装腔作势地一说就行了，用不着去仔细研究问题。且举一例如次："无论什么地方，人们的欲望都是相同的；人们到处都受自爱之心和利害关系的引导，因此，各地方的人都是一样的。"几何学家提出一个假设，他们反复论证那个假设是对的，然而，他们的假设却使人出了差错，于是，几何学家们又回过头来按照他们原先的步子，一步一步地论证那个假设是错的。用这个方法来研究上面这段话，便可一目了然地看出它是多么荒谬。现在，让我换一个方法来论证：野蛮人是人，欧洲人也是人。半瓶醋哲学家马上断言：那个人没有这个人好，而真正的哲学家则说：在欧洲，政府、法律、风俗习惯和利害关系，所有这些，使人们必须不断地互相欺骗才能生活，干坏事是应当的，必须先当坏人，然后才能成为好人。再也没有什么事情比为了成全坏人的幸福而牺牲自己的幸福更荒谬的了。野蛮人也同我们一样，是很重视个人利益的，但他们从来不说什么对社会的爱和对共同的安全的关心是把他们联系在一起的纽带。为了财产，甚至我们中的有些好人也犯了许多罪，然而在野蛮人中间，连"财产"这个词儿也没有人听说过。他们从来没有发生过使他们彼此分裂的利害纷争，他们没有互相欺诈的必要。每个人希望得到的是公众的尊敬，而他们也的确是值得尊敬。一个野蛮人也可能做件把坏事，但他们绝没有做坏事的习性，因为，对他们来说，干坏事并无好处。我认为，我们可以根据世人彼此之间的行为，对他们的日常生活作风做这样一个非常公正的估计：如果他们的交往愈来愈多，如果他们对自己的才能和手段愈来愈发挥，那么，他们便愈善于尔诈我虞，互相欺骗，从而愈应受到我们的轻蔑。我是带着遗憾的心情说这番话的。没有欺骗他人之心的人，是好人。野蛮人就是这种人。

> 这种人，无论是百姓的布衣或国王的锦袍，都打动不了他的心；无论谁家的兄弟纷争或罗马的朝政与帝国的衰亡，他概不过问。他既不怜悯穷人，也不嫉妒富人。①

① 引自维吉尔：《农耕颂》，第2章。——译者

当思虑太多;思虑太多,只能使人痛苦而不能使人变得比原来好或比原来聪明,只能使人怀念过去而不享受现在。有时候它给人展现美好的未来,其目的是用空虚的幻想诱惑他,用某种奢望折磨他;有时候它又给人展现痛苦的未来,让人们预先感受一下痛苦的滋味。读书做学问的结果,将使人的品行遭到败坏,健康受到损害,体质下降,思维变得很呆滞,即使有时候也有所收获,我发现,得不偿失,得到的少,失去的多。

我承认,确有少数几个聪明绝顶的天才能透过遮盖真理的重重烟幕,深入观察某些特殊的人的灵魂;他们能做到不因爱好文学而产生可笑的虚荣心、卑鄙的嫉妒心和其他各种欲念。少数几个具有这种资质的人,是人类的光荣和启蒙的老师。为了大家的幸福,最好是由他们去搞学问。这样做,是符合事物的法则的,因为,如果大家个个都是苏格拉底,科学就害不了他们了,而他们也就不需要科学了。

每一个有自己的风俗,因而尊重法律,不愿意改变自己原来的习惯的民族,应该当心受科学的害处,尤其要提防那些学者,如果相信了他们说得娓娓动听的嘉言隽语,不久以后就会藐视自己的风俗习惯和法律。任何一个国家,只要出现了这种情形,无有不日趋腐败的。风俗中的任何一点小小的变化,即使在某些方面是有益的变化,都是不利于风俗的。人们须知:风俗是一个民族的精神,只要不受人们的尊重,人们就会按各自的欲望各行其是,一出现这种情况,就只有靠法律来约束人的行为,而法律有时候能约束坏人,但不能使他们变成好人。其次,如果人们一学了哲学就藐视自己的国家的风俗的话,他们不久就会找到逃避法律的窍门,所以我说:风俗之于一个民族,亦如光荣之于一个人。风俗是必须保存的财富，一旦失去，就再也无法恢复了*。

当一个国家的人民腐化到了一定程度的时候，不论科学是不是在其中起了作用，为了使人民变好或不让他们变得更坏，就要取缔一切科学或不让人去搞科学吗？我明确表示：我的回答是否定的。因为，第一，既然人民已经堕落，无法恢复从前的美德，那么，我们努力的方向就不是使已经堕落的人变好，而是防止那些还保有道德的人变坏。第二，使人民腐化堕落的那些原因，有时候还可使人免遭更易败坏人的事情。这好比一个因乱用药物而搞坏了身体的人还得去找医生开药才能保住性命是一样的。科学和艺术固然造成了许多坏事，然而，我们还需要用科学和艺术才能防止坏事变成作奸犯科的罪行，科学和艺术至少可以给坏事抹上一层涂料，使毒气不至于那么容易散发出来。它们败坏了道德，但它们使道德的外衣还留在人民中间**，这总是一件好

* 在历史上，我只找到一个能证明我这个说法不对的引人注目的例子：罗马的建立，是由一群匪徒完成的。匪徒们的后裔，只几代人以后都变成了历史上从未有过的最有道德的人。我用不着对此种情况出现的原因多加解释，虽然在这里满可以发表一番议论。不过，我要指出：罗马的建立者们，他们的风俗虽早已败坏，在人数上他们又比那些自己的风俗尚未形成的国家的人少，但他们从不轻视道德，不过，他们还不懂得什么叫道德。“道德”和“罪恶”这两个词的总体概念，只有在频频与人交往中才能产生。如果谁想用这一点来为科学辩解的话，那就错了。罗马的头两个首领使共和国有了一定的体制，并形成了自己的风俗和习惯。他们两人中，一个专管打仗，一个专司宗教礼仪。在世界上，要数这两件事情与哲学最风马牛不相及的了。

** 所谓外衣，就是风俗中的某些温情的表现。它有时候可以弥补纯真质朴的表现之不足。它具有某些循规蹈矩的外表，可以防止可怕的混乱现象的发生，使良风美俗不至于被人们完全遗忘。干坏事的人之所以要戴上道德的假面具，其目的并不像伪君子那样是为了去欺骗和出卖他人，而是为了在自己有被人发现的可能时，用这副可爱的和圣洁的面具掩盖他可憎可恨的样子。

事。它们使人失去了刚毅之气,但也使人们变得文质彬彬,讲究礼节。它们虽使人不怕大家说他是坏人,但也使人怕在众人中间成为可笑之人。

因此,我认为,而且我早已不止一次地说过:科学院、大学、中学、图书馆、剧院及其他一切能让人玩得开心、不至于没有事干就去干坏事的娱乐,所有这一切,不仅可以让它们继续存在,而且还要加以扶持,因为,在一个已无好人和好风俗的环境里,与暗中使坏的骗子生活在一起,总比与明火执仗的强盗生活在一起好一点嘛。

我现在要问:培养我认为能使人进步的爱好,错在哪里?我没有说用它们去教化人民行善事,我只是说用它们去陶冶人的心,使人不去做坏事。我们应当用一些无大妨害的事情去转移他们干坏事的心,应当使他们高兴和快活,而不要去对他们讲经说教说空话。尽管我的著作只使一小部分人明白了什么是善,但我已把我所知道的有益的东西全告诉了他们。这对他们的益处,比拿一些只供玩的东西给他们去消遣大得多,因为,只顾玩,就没有时间反省自己了。要是我每天都有一场演出招得大家对我喝倒彩[①],我觉得,那真是太好了。如果我能花这样一个代价使其中的一个观众在两小时内不去打坏主意,不去玷污他朋友的女儿或妻子的荣誉,不去打探他的知交的机密,并早日还他债主的钱,我就心满意足了。当良风美俗荡然无存的时候,切莫一心只想去求助于警察,

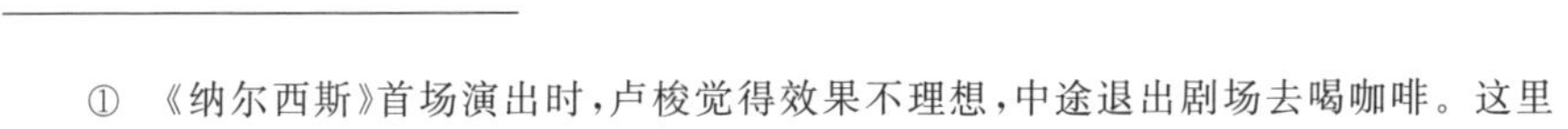

① 《纳尔西斯》首场演出时,卢梭觉得效果不理想,中途退出剧场去喝咖啡。这里说:“招得大家对我喝倒彩。”就是指此。参见卢梭:《忏悔录》,卷八。——译者

我们还有音乐或戏剧这两个重要的手段可用嘛。

如果在我的辩解中还有什么没有讲清楚的地方，我是敢大讲特讲，把它讲清楚的，不过，我不是对公众或我的对立派讲，而是对我自己一个人讲，因为，只有自己把自己观察清楚了，我才能判断我是不是这一部分人的一员，才知道我的灵魂是否能承担从事文学这副重担。我不止一次地感觉到搞文学是很危险的，也不止一次地把手中的笔放下，决定洗手不干了。我拒绝了文学的美对我的诱惑，我要用能使我的心感到快乐的事情来使我的灵魂得到安宁。我之所以在我身心交瘁，已经走到一项艰难事业的尽头的时候还敢重操旧业，写点东西来安慰我的痛苦，是因为我相信我自己不是为了名和利，而是为了把我在这方面对文学家提出的批评解说清楚。

我要做一次试验，才能完成我对我自己的认识。这个试验，我毫不犹豫地做了。我把我在文学事业上取得成功时候的心境进行分析之后，我还要从反面加以检验。我现在知道，只要开动脑筋，我就可以置他们于很糟糕的境地。我这个剧本得到这样的命运，是值得的，是我早已料到的。不过，虽然它给我招来了许多麻烦，但我看了演出以后，却对我自己感到很满意。说真的，如果它演出成功的话，反倒不如它演出失败使我感到的满意多。

我现在要对那些热衷于找我的茬儿的人进一忠言，劝他们在批评我言行不一和前后矛盾之前，仔细去研究一下我的理论，并仔细观察我的行为。如果他们发现我在公众当中活动拉选票，或者发现我因为写了几首好听的歌就扬扬得意，或者因为写了几个坏剧本便羞得脸儿发红，或者想方设法损害我的竞争者的名声，或者为了抬高自己和贬低我们这个世纪的伟大人物便装模作样地说他们的坏话,或者想到科学院去谋个席位,或者到那些颐指气使的女人跟前去献殷勤,或者满口奉承大人物说的蠢话,或者不愿意用我的双手劳动吃饭,或者看不起我自己选择的职业而去发大财,总而言之一句话,如果他们发现我因为爱名誉便忘了美德,就请他们告诉我,而且要当众告诉我,我向他们保证,我将立刻把我写的文章和书扔到火里去烧掉;随他们指摘我什么错误,我就承认什么错误。

在此期间,我还将继续著书立说、作诗吟诗和谱写曲子,如果我有从事这些事情的才能、时间、精力和意愿的话。我还将继续非常坦率地论述文学的坏处和搞文学的人*给人们造成的害处。我可以肯定:我为此而付出的代价是不会小的。是的,将来总有一天人们会这样说:这个如此公开地与科学和艺术为敌的人也写了和出版了几个剧本呀。我承认,这个话是极其尖酸刻薄,够讽刺的,不过,它讽刺的不是我,而是我生活的这个世纪。

* 我真服了,竟有那么多的文学家在这件事情上发生了误会。当他们看见科学和艺术受到攻击的时候,便以为我想把罪过推在他们身上。他们不说自己不对,反而一窝蜂地全都怪我。再说,虽然这些东西给社会造成了许多灾祸,但重要的是,我们今天应当把它们当作一种药物去医治它们造成的疾病,或者像对待害虫那样,它在哪里咬我们,我们就在哪里把它打死。我敢说,我在上面这段话中就我自己的行为夸下的海口,没有一个文学家能把它用在自己身上,说他的行为也经得起这段话的检验。我觉得,这样一种摆观点和讲道理的方式,既适合于我们,更适合于他们。其实,他们对科学的关心是很少的,他们关心的是:要让科学继续使那些大学者享受尊荣,正如传播异教的教士一样,他们对宗教执著的程度,完全视宗教使他们受到的尊敬的多少而定。

后　　记

一

1989 年 9 月，我到法国蒙莫朗西参加以“卢梭、《爱弥儿》和革命”为题的国际卢梭学术讨论会。会上，好几位发言者都提到卢梭的《论科学与艺术的复兴是否有助于使风俗日趋纯朴》。因为那次讨论会是以《爱弥儿》为主题，所以当时没有仔细阅读这篇文章，只在会间休息时匆匆浏览了一下。此事距今已过去二十年了。现在承担迻译这本书的工作；在工作过程中每每想起二十年前在蒙莫朗西与友人谈论此文时的情景：往事重现脑际，就好像发生在今天，令人十分愉快。

二

卢梭的这篇论文，篇幅虽不长，但一动笔开译，就发现难处甚多。译者学力有限，每有疑难，便求助于友人。远在巴黎的洛克桑·阿萨纳女士(Mlle Roxane Ah-Sane)对我的帮助尤多，遇到难解的词和句子，便打电话问她。有一次，她在电话里向我讲了半个多小时；她的热情和耐心，令人永远铭记。在此全书译事告竣之际，谨志一言，以表我对她的衷心感谢。

李平沤

2009 年 7 月于北京惠新里

图书在版编目(CIP)数据

论科学与艺术的复兴是否有助于使风俗日趋纯朴/(法)卢梭著;李平沤译.—北京:商务印书馆,2017
(汉译世界学术名著丛书:120年纪念版:珍藏本)
ISBN 978-7-100-14542-8

Ⅰ.①论… Ⅱ.①卢… ②李… Ⅲ.①卢梭(Rousseau,Jean Jacques,1712—1778)—哲学思想—思想评论 Ⅳ.①B565.26

中国版本图书馆CIP数据核字(2017)第153940号

汉译世界学术名著丛书
(120年纪念版·珍藏本)
论科学与艺术的复兴
是否有助于使风俗日趋纯朴
〔法〕卢梭 著
李平沤 译

商 务 印 书 馆 出 版
(北京王府井大街36号 邮政编码100710)
商 务 印 书 馆 发 行
北京市十月印刷有限公司印刷
ISBN 978-7-100-14542-8

2017年12月第1版 开本710×1000 1/16
2017年12月北京第1次印刷 印张4¾
定价:28.00元